AF285001

J. Pilster, K. Bauer, C. Brosig (Hrsg.)

in_between 2021
- Konferenzband

mit Beiträgen von

Michael Bandt, Kai Bauer, Christian Brosig, Christian Deuschle,
Jens Dröge, Silvia Hagen, Sudan Jackson, Sabine Kerres,
Wolf Lotter, Dominik Maximini, Juliane Pilster, Simona Popisti,
Carsten Rasche, Nicole Röttger, Rebecca Rutschmann, Miriam Sasse,
Heiko Schröder, Claudia Simsek-Graf, Peter Ullmann, Tal Uscher,
Hélène Valadon, Rini van Solingen, Verena Voßmann, Wolf Wienecke

Bibliografische Information der Deutschen Nationalbibliothek:

Die Deutsche Nationalbibliothek verzeichnet diese Publikation in der Deutschen Nationalbibliografie; detaillierte bibliografische Daten sind im Internet über http://dnb.dnb.de abrufbar.

© 2022 brainspire Holding GmbH, Karlstr. 37, 89073 Ulm, info@brainspire.de

Vorwort: Wolf Lotter

Herausgeber: Juliane Pilster, Kai Bauer, Christian Brosig

Herstellung und Verlag: BoD – Books on Demand, Norderstedt

ISBN Printausgabe: 978-3-7557-5173-1

ISBN E-Book: 978-3-7557-2527-5

„Führung findet nicht mehr nur durch klassische Führungskräfte statt, sondern überall dort, wo Verantwortung übernommen wird."

INHALTSVERZEICHNIS

Bewegliche Ziele von Wolf Lotter

Wir leben im Übergang von der Industrie- zur Wissensgesellschaft, mehr schon im Digitalen als im Zeitalter der Dampfmaschine. Aber wissen das schon alle? Über die Zusammenhänge einer neuen Welt, die wir erst langsam begreifen lernen.

Alles Leben kommt bekanntlich aus dem Meer, aber das war mal, oder? Nun ja, es lohnt sich manchmal, wie das der amerikanische Autor David Foster Wallace tat, auch dass, was ist und werden kann, in den Tiefen des Ozeans zu suchen. Dort schwimmen, wie im Gleichnis von Wallace, zwei junge Fische lustig umher. Da kommt ein alter daher. Er grüßt die beiden freundlich: "Na, Jungs, wie ist das Wasser heute?" Da gucken die beiden jungen Fische ganz erstaunt und sagen gar nichts. Sie erwidern den Gruß des alten Fisches nicht. Sie schwimmen weiter. Nach einer Weile, langsam hat sich der Schreck gelegt, fragt der eine Jungfisch den anderen: "Was zum Teufel ist Wasser?"

Wir alle, damit kein Missverständnis aufkommt, sind Jungfische, aber manche vergessen solche Begegnungen mit Altfischen nicht gleich wieder und stellen sich Fragen. Gute Fragen: Was ist das hier eigentlich? Eine Industriegesellschaft, das sagen uns auch Historiker wie Werner Plumpe, schon seit den 1970er Jahren nicht mehr, auch wenn sich Parteien und Medien so schwer umgewöhnen können, dass sie in Verlautbarungen, Versprechen und Nachrichten immer noch davon reden. Nein, selbst Deutschland, dessen Geschichte im 19. Jahrhundert wie kein anderes Land mit dem Aufstieg der Fabrikgesellschaft groß wurde, ist ein Industrieland. Der größte Teil der Wertschöpfung wird durch Wissensarbeit erzielt. Übrigens wissen das die bessergebildeten Industriemanager auch – und sind stolz darauf, denn auch, dass Wissen Macht ist – erst recht im 21. Jahrhundert – weiß fast jeder.

Nur: "Wissen wir, was wir wissen", wie es der Siemens Chef Heinrich von Pierer mal so treffend gefragt hat? Wir haben zwei große Lager: Die, die ewig an allem Gestrigen festhalten wollen, nicht wenige, denn das alte Leben versprach auch Sicherheit (wenngleich es das selten halten konnte) und die, die ungestüm nach Morgen wollen, weil sie eine Vision haben. Wir neigen dazu, den Ungestümen rechtzugeben, aber Vorsicht. Jungfische wissen auch nicht, was sie wissen. Eine Vision oder eine Utopie brauch keiner, denn sowas verschiebt nur das Tun von heute auf Morgen. Visionen kann man haben, bis der Arzt kommt, und Utopien, als ob es keinen Morgen gäbe. Machen ist was anderes, jetzt gleich. Man muss sich dazu anstrengen, bemühen, was leisten - ja: Leisten. Eine Leistungsgesellschaft, nicht mehr der alten Industrie, der - im Wortsinn - Fleißgesellschaft ist gefragt, sondern eine Leistungsgesellschaft des Kopfes, der Wissensarbeit, der alternativen Denkweisen. Und Letzteres ist nicht nur das Gegenteil von Falsch (das dann auch nicht richtig ist), sondern die Fähigkeit, mit Vielfalt umzugehen. Vielfalt und Verschiedenartigkeit sind mehr als bloß die Trennung in Mann und Frau, ein bisschen Gendersprache. Diversity und Vielfalt sind menschliche, geistige Beweglichkeit, die Fähigkeit, Zusammenhänge herzustellen aus Vielfalt. Komplexität erschließen, statt sie immer nur zu reduzieren. Das ist der Versuch, die Welt zu verstehen, indem jede und jeder nach dem Motto handelt, dass Peter Drucker der Wissensgesellschaft vorgesetzt hat: "Um Wissen produktiv zu machen," schrieb er in seinem Werk "Die Postkapitalistische Gesellschaft", müssen wir den Wald und die Bäume sehen, wir müssen wieder lernen, Zusammenhänge herzustellen." Zusammenhänge - immer in der Mehrzahl, der Sprache der Diversity, - stellen sich neu nicht mehr für ewig her, sondern wie es in Netzwerken "Normal" ist, nach Bedarf, mit wechselnden Teilnehmern, unter unterschiedlichen Bedingungen. Komplexität kann man nicht mit ihrer Normierung beikommen. Wer Innovationen will und echten Fortschritt, muss schon reingehen in den tiefen und zuweilen etwas dunklen Wald, den es auszuleuchten gilt. Aufklärung heißt ja deshalb auch auf Englisch *Enlightenment*. Unsere Rolle ist, den Wald und die Bäume kenntlich zu machen. In Sachen Wald waren wir im Industriezeitalter gut, nein, wir waren auf den Wald fixiert. Einzelne Bäume, Individuen, galten und gelten vielen als Störfaktor. In der Wissensgesellschaft wird es aber um Kenntlichkeit einzelner Menschen gehen. Wer "der Mensch steht im Mittelpunkt" sagt, aber nicht beweglich genug ist, um auf jede und jeden in der Organisation einzugehen, redet Unsinn. Das tun viele, und sie merkens nicht mal. Es liegt an der alten Kultur, die träger ist als die Wirklichkeit. Während sich die digitale Wissensgesellschaft und ihre Netzwerke an die Stelle der alten, statischen Organisationen rücken, jeden Tag mehr, gibt es viele, die meinen, jetzt käme nach den Entbehrungen der Pandemie wieder der alte Kollektivismus, das Großraumbüro, das Massenmeeting, die ganze Routinewirtschaft der alten Organisation zum Einsatz. Es ist ein Festklammern an Gestern, dass nur Schaden anrichtet. Agilität ist mehr als ein Schlagwort, es unterscheidet die, die weiterkommen, die Wald und Bäume sehen, von denen, die sich im Wald verstecken wollen.

Wie halten wir uns in einer Welt, die immer mehr aus temporären Netzwerken und Projekten besteht, über Wasser? Wie orientieren wir uns, wenn die alten, industriekapitalistischen Gewissheiten sich in Luft auflösen, auch wenn Lobbies und Parteien aus dieser Ära sehnsüchtig nach hinten schauen. Wer die Welt gestalten will, muss sie verstehen wollen. Aber: Wer genau ist denn diese Welt eigentlich? Aus unserer gegenwärtigen Perspektive lautet die Antwort darauf: Der Westen, das alte Abendland, das seit gut zwei Jahrtausenden die geistige Lufthoheit über alles, was auf diesem Planeten geschieht, beansprucht.

Nun geht das Abendland, - nein, nicht unter, aber durch die große Katharsis einer tiefen Transformation. Die alten Weisheiten stecken in einer Krise. Viele ahnen das, nicht wenige wissen das und einige sagen das seit geraumer Zeit. Aber es nützt wenig, denn als Abendländer scheinen wir nicht über unseren Schatten springen zu können. Die globale Wissensgesellschaft macht zunehmend einen Bogen um uns. Und insbesondere die Westeuropäer mauern sich ein – in jeder Hinsicht.

Die Sache mit dem produktiven Wissen ist übrigens, anders als das heute vielfach behauptet wird, keine Hexerei. Wir wissen längst, was wir wissen sollten: „Wissen existiert dort, wo etwas erklärt und verstanden werden kann", hat der österreichische Philosoph Konrad Paul Liessmann geschrieben. Wissen ist, was man versteht – und verständlich macht.

Wissen ohne Können ist aber eine halbe Sache, und die Frage ist: sind wir in der Lage, die Erkenntnis auch umzusetzen? Was müssen wir tun – und lassen – um die Welt wieder zu verstehen? Wie werden wir „kontextkompetent"?

Kontextkompetenz bedeutet, Wissen alltagstauglich zu machen – also verstehbar und verständlich. Erst so wird es produktiv. Kontextkompetenz, die Fähigkeit, Zusammenhänge herzustellen, ist in der Wissens- und Netzwerkökonomie eine

Grundlage allen Handels und Verstehens. Wer Zusammenhänge erschließt und für andere zugänglich macht, erschließt Lösungen, Antworten, Aussichten. Komplexität ist die wichtigste Ressource der neuen Welt. Es wird Zeit, sie zu respektieren. Das Wasser, in dem wir schwimmen, die Zusammenhänge sind nicht einfach nur die Mehrzahl von Zusammenhang - eher das Gegenteil. Der feste alte Zusammenhang, das Universalistische, das Gleiche, das Einheitliche, das unsere Kultur so lange so geprägt hat, ist kraftlos geworden. Es bietet keine Antworten mehr. Ein Gott, eine Partei, ein Volk, eine Gesellschaft, ein Team, eine Haltung, eine Meinung. Es ist das Identitäre, das uns allen in den Knochen steckt. Denn genau dazu führt jede Form des Universalistischen – zu Alternativlosigkeit.

Wissensgesellschaft aber bedeutet, sich von einem Zusammenhang – der Einheit – abzuwenden und Zusammenhänge – die Vielfalt – zu erkennen. Die neue These zur Transformation, ganz gleich, ob es dabei um Energie, Klima, Gesellschaft und Wirtschaft geht, lautet: Bisher wurde Komplexität nur verschieden reduziert, es geht aber darum, sie zu erschließen.

Wir nutzen das Internet und arbeiten in Netzwerken, aber verstanden haben wir beides nicht oder kaum. Denn was Timothy Berners-Lee schuf, war nichts anderes als eine Technologie, mit der man „Wissen verstehen und erklären konnte", in der es um verbindende Inhalte ging, die vorher in akademischen Bunkern blickdicht gelagert wurden. Barrierefreies Wissen, dass nötig ist, kriegt man nur mit massiver Anstrengung hin.

Es bedarf nicht des falschen Stolzes der Experten und Fachidioten, sondern eines geradezu missionarischen Eifers in der Darstellung der eigenen Arbeit. Das ist ja ein Grund für die allgegenwärtige Entfremdung, nicht nur in Organisationen, auch in der Politik, in den Gesellschaften und ihren Teilen. Es fehlt an Grundlagenwissen über Wirtschaft, Finanzen, Technologien, die wir täglich nutzen. Blackboxes, wohin das Auge reicht. Ursprünglich nutzte man den Begriff im Militär, wo man Sprengfallen an Kommunikationseinrichtungen anbrachte, falls die mal dem Feind in die Hände fallen. Diskurse setzten voraus, dass die Silos, die neuen Geschlechtertürme der Identitätspolitik und der Identitären, sich auf ein wenig Aufklärung und humanistische Bildung einigen, Zusammenhänge herstellen, die nicht der Selbstbestätigung, sondern dem Wissenserwerb dienen. Context is king. Zusammenhänge tragen den demokratischen Grund-Code von Lösungen und notwendigen Kompromissen in sich, sie liefern Sinn und Zweck, wo bisher nur Angst und Vorurteil herrschen. Statt identitärer Abgrenzung geht es um soziale Erweiterung.

Dann geht es nicht mehr darum, Recht zu haben. Es geht darum, verstanden zu werden – und dadurch den Dialog anzustoßen, aus dem neue und bessere Lösungen und Antworten entstehen. Wer den Wald vor lauter Bäumen nicht sieht, sollte vielleicht mal gucken, wie viele alte Bretter die freie Sicht auf die Welt vernagelt haben.

Wer das 21. Jahrhundert verstehen und gestalten will, muss sich dem und den Anderen zuwenden, nichts anderes ist Kontextkompetenz in dieser Welt. Wir müssen einander verstehen und für das, was wir verstanden haben, um Verständnis werben. Verhandlung, Dialog und freundschaftlicher Diskurs statt Fachidiotie, inhumanen Lagerdenkens, Ausgrenzung und Besserwisserei ist das Gebot der Stunde.

Wolf Lotter (Juli 2021)

Wolf Lotter ist Autor und Vortragender, Gründungsmitglied von brand eins und hat zahlreiche Bücher zur Transformation zur Wissensgesellschaft verfasst, u.a. "Kreative Revolution" (2009), Zivilkapitalismus (2013), Innovation (2018), Zusammenhänge (2020) und Strengt Euch an! (2021). Im Frühjahr 2022 erscheint sein neues Buch "Unterschiede. Was Diversity wirklich kann und ist."

Kontakt: wolflotter@gmail.com

in_between von Juliane Pilster, Kai Bauer und Christian Brosig

Die Welt verändert sich. Täglich. Und so schnell, dass wir ohne weiteres nicht mehr nachkommen. Wir verwenden zahlreiche technische Hilfsmittel, um miteinander zu kommunizieren, um die ständige Informationsflut zu bewältigen und um möglichst viele Bälle gleichzeitig in der Luft halten zu können. Dazu kommen vielfältige Methoden, die uns helfen sollen, erfolgreich durch den Dschungel der Veränderung zu navigieren und so der steigenden Komplexität Herr zu werden. Doch ist das überhaupt möglich?

Wir glauben, dass es an der Zeit ist, zu akzeptieren, dass wir uns in einem dauerhaften Zwischenzustand befinden. Dass sich Komplexität nicht reduzieren lässt. Dass die Idee von Change-Projekten – also von Transformationen von einem in den anderen Zustand – ziemlich veraltet ist. Denn wir werden nie wieder einen Zustand erreichen, in dem wir sagen können: „Fertig. Die Veränderung ist abgeschlossen." Wir müssen anfangen, mit der Veränderung und mit dem Dasein im **Dazwischen** zu leben. Es ist an der Zeit, Strategien zu entwickeln, die dauerhafte Veränderung bestmöglich zu meistern. **Zusammenhänge** herzustellen, also die richtigen Menschen mit dem richtigen Wissen und den richtigen Fähigkeiten zur richtigen Zeit zum richtigen Thema zu vereinen, wird der Schlüssel im Umgang mit Komplexität sein. Auf diese Weise werden Menschen und Organisationen es schaffen, die (vermeintlichen) Gegensätze in **Balance** zu bringen, die die veränderliche Welt hervorbringt. Dazu gehören zum Beispiel Mensch vs. Maschine, Work vs. Life, Präsenzarbeit vs. Remote-Arbeit. Erst ein gesundes Gleichgewicht zwischen den Extremen bietet Freiraum für Kreativität und Innovation, die wir in unserer Wissensgesellschaft dringend benötigen.

Das Dazwischen zu meistern, indem wir Zusammenhänge erschließen und Balance herstellen, wird eine wesentliche Aufgabe der nächsten fünf Jahre sein. Diese Aufgabe ist aus unserer Sicht nur lösbar, wenn wir Führung und Zusammenarbeit neu denken. Wir glauben auch, dass diese Aufgabe nicht nur von einigen wenigen gelöst werden kann, sondern dass wir dafür einen co-kreativen Prozess brauchen, an dem sich möglichst viele beteiligen. Dass Führung in Zukunft nicht mehr an Positionen mit Schulterklappen geknüpft sein wird, sondern überall da entsteht, wo Verantwortung übernommen wird.

Aus diesem Grund haben wir im Jahr 2021 die Konferenzserie in_between – Future Lab for Co-Creative Leadership ins Leben gerufen. Die Veranstaltung fand am 19./20. Mai 2021 zum ersten Mal statt. Über 40 Speaker:innen und mehr als 120 Teilnehmer:innen nahmen an der Online-Konferenz mit den drei thematischen Strängen Dazwischen, Zusammenhänge und Balance teil. Simona Popisti, Wolf Lotter und Rini van Solingen gaben mit ihren Keynotes tolle Impulse zu diesen drei Themenbereichen. Dieser Konferenzband zur in_between 2021 bietet eine kompakte Auswahl von Beiträgen der Konferenz. Ein großer Dank gilt an dieser Stelle allen Vortragenden, die mitgemacht und ihren Vortrag oder Workshop zusätzlich als Beitrag für diesem Konferenzband formuliert haben. Wir haben die Texte und Bilder dabei unverändert gelassen bzw. lediglich in unser Format überführt. Viel Spaß beim Stöbern und Lesen!

Juliane Pilster, Kai Bauer, Christian Brosig (Januar 2022)

Juliane, Kai und Christian sind die Co-Kreatoren der in_between. Sie sind ein Team aus erfahrenen Transformatoren, die sich der Methoden aus den Bereichen Agilität, Lean und Organisationsentwicklung bedienen, um Organisationen in ihren Veränderungen maßgeschneidert zu unterstützen. In ihrem Unternehmen, der brainspire Holding GmbH, bringen sie Perspektiven, Erfahrung und Know-how wirkungsvoll zusammen. Ihre Leidenschaft sind die aktuellen Herausforderungen im Kontext Führung und Zusammenarbeit, am liebsten gemeinsam mit engagierten Mitstreitern.

DAZWISCHEN: INTRO VON KAI BAUER

Die Welt um uns herum unterliegt einem ständigen Wandel. In immer kürzeren Zyklen entstehen neue Technologien und Produkte, die unser Leben und unser miteinander verändern, ebenso wie die Prozesse und Unternehmen, die diese Produkte hervorbringen. In dieser Welt, die geprägt ist von Unsicherheit und Komplexität, erscheint es uns allzu verlockend, den Blick auf diejenigen zu legen, die sich erfolgreich in ihr behaupten können. Im Rückblick zeigt sich der Werdegang erfolgreicher Teams oder Unternehmen oftmals wie ein vordefinierter und gut umgesetzter Plan, bei dem ein Puzzle-Teil in das andere gegriffen hat und wir werden dazu verleitet, diesen vermeintlichen Plan zu kopieren.

Mit Blick auf seinen eigenen Werdegang beschrieb Steve Jobs in seiner Rede an der Standford University 2005, dass wir, wenn wir in die Zukunft blicken, nicht erkennen, wo Zusammenhänge bestehen, sondern sich diese erst in der Rückschau zeigen und wir darauf vertrauen müssen, dass sich die einzelnen Mosaiksteinchen in ihrer Zukunft zu einem Gesamtbild zusammenfügen.

Wir müssen unseren eigenen Weg gehen und ihn Schritt für Schritt für uns erschließen. Was wir auf der bereits gegangen Strecke gelernt haben, hilft uns dabei, die nächsten Schritte zu machen kann uns aber nie den ganzen weiteren Weg vorgeben. Während wir in der Vergangenheit versucht haben diesen Weg vorzudefinieren, um in Change-Projekten Veränderungen umzusetzen, oftmals mit dem Ziel danach wieder in eine Phase der Stabilität zurückzukehren, sprechen wir inzwischen immer weniger von Change-Projekten. Stattdessen sprechen wir mehr von Transformationen, weil wir erkannt haben, dass wir uns in einem kontinuierlichen Wandel befinden und wir damit leben müssen wenig Stabilität vorzufinden. Wir befinden uns also immer in einem Zwischenzustand. Veränderung und Unsicherheit sind unsere ständigen Begleiter geworden. Die Herausforderungen bestehen darin das Dazwischen auszuhalten, Neues zu formen, Altes loszulassen und den kontinuierlichen Wandel anzunehmen.

Mahatma Ghandi wird das Zitat zugesprochen: „Sei du selbst die Veränderung, die du dir wünschst für diese Welt." Nehmen wir diesen Gestaltungsauftrag an, liegt es an uns, Prozesse zu schaffen die uns unterstützen auf Veränderungen zu reagieren, das

Dazwischen bewusst zu erleben und das Neue zu gestalten. Dies erfordert Mut und Offenheit, Unbekanntes zu wagen, das Erreichte immer wieder zu prüfen und den eigenen Weg kontinuierlich anzupassen, ohne dabei das Ziel aus den Augen zu verlieren.

Dies erfordert ein iteratives Vorgehen, in dem wir Entscheidungen auf Basis von Beobachtungen treffen und diese kontinuierlich überprüfen und adaptieren. Die Beispiele hierfür sind nicht neu. Der PDCA Zyklus von Deming oder das Scrum-Framework beschreiben genau solche Vorgehen. Metriken unterstützen den Prozess, in dem sie den eigenen Standpunkt und Fortschritt transparent machen. Sie zeigen uns, wo wir herkommen und wohin wir uns entwickelt haben. Dadurch werden auch in Zeiten stetiger Veränderung Richtungen erkennbar und können Entscheidungen für den neuen Kurs getroffen, überprüft und angepasst werden. Prozesse, Methoden, Metriken und Tools allein sind dabei nicht alles, um den Herausforderungen des Dazwischen zu begegnen. Wer Veränderungen annehmen und aktiv gestalten möchte, braucht Mut und Offenheit.

Die Beiträge im Themenfeld „Dazwischen" setzen sich mit diesen Aspekten auseinander. Sie teilen Erfahrungen in der Implementierung von Prozessen und Methoden aber auch persönliche Erfahrungen im Umgang mit dem „Dazwischen".

Kai Bauer studierte BWL an der Friedrich-Schiller-Universität in Jena. Es folgten Stationen in der Automobilzulieferindustrie, der Beratung sowie dem Bereich der Industriedienstleistungen. In seinen mehr als 10 Jahren in der Prozessoptimierung und Organisationsentwicklung hat er vor allem die Themen Lean und Agile Management in verschiedensten Projekten im In- und Ausland vorangetrieben.

Zwischen Baum und Borke
Die Transformationssafari für Fortgeschrittene

Wann immer ich in Bewerbungsgesprächen gefragt wurde, was der rote Faden meines Lebenslaufs sei, musste ich antworten: Veränderung.

Ich habe mir vor kurzem den Spaß gemacht und habe zusammengezählt, an wie vielen Orten ich schon gewohnt habe, das heißt an wie viele Adressen man mir schon Post geschickt hat. Es waren 14 Postadressen in 37 Jahren. Im Schnitt bin ich also alle 2,8 Jahre umgezogen. Zwischen den beiden geografisch entferntesten Punkten meines Lebens liegen 1.800 km, kurzzeitige Auslandseinsätze während meiner Berufslaufbahn nicht mitgezählt.

Mich im Raum und auch zwischen verschiedenen physischen und gedanklichen Räumen zu bewegen, macht mir Freude und hält mich gelenkig und geschmeidig im Kopf. Ich finde es spannend, neue Räume zu entdecken, wenn auch nicht immer einfach oder wenig anstrengend. Immerhin wollte ich als Kind ganz dringend Astronautin werden und die unentdeckten Weiten des Alls erkunden. Was daraus geworden ist, beziehungsweise warum das nichts geworden ist: das ist eine Geschichte für einen anderen Anlass.

Bevor wir uns aber zu neuen Ufern aufmachen, um neue Räume zu entdecken, hält zunächst ein eher schmerzender Schritt Einzug: Wir brechen auf und trennen uns von Bestehendem. Das ist kein leichter Schritt, von dem 10-Meter-Brett des Lebens in das unbekannte Wasser zu springen und oftmals nicht genau zu wissen, wie tief nun das Becken ist, auf das man kopfüber rast. Und in diesem Punkt, als man schon abgesprungen ist, aber noch nicht angekommen, da fühlen wir uns häufig etwas mulmig. Denn es ist schon sehr undurchsichtig, wenn das Alte nicht mehr oder schon losgelassen ist – das Neue jedoch noch nicht griffbereit oder noch nicht richtig bekannt ist. Genau diesen Zustand nenne ich „das Dazwischen".

Das Dazwischen fühlt sich an wie zwischen Tür und Angel, wie zwischen Baum und Borke, wie die Dämmerung zwischen Nacht und Tag, wie der Moment zwischen dem Einatmen und dem Ausatmen. Für viele von uns fühlt sich das ganz schön atemlos an, oder zumindest schwer verständlich. Was soll denn schon zwischen Baum und

Borke außer Borkenkäfern an Interessantem zu finden sein? Und zwischen Tür und Angel liegt meist ein relativ lapidarer Türsturz. Da geht man durch. Das reicht doch.

Und doch finde ich genau diesen Zustand wahnsinnig interessant für Transformationsprozesse. Genauso, wie Atem zu holen, den Körper mit Sauerstoff versorgt und die Muskulatur auf ihre Arbeit vorbereitet, kann auch das Dazwischen eine „Kraft spendende" Phase in Transformationsprozessen sein. Häufig jedoch fühlt sich diese Zeit eher wie die Ruhe vor dem Sturm denn wie eine Energietankstelle an. Warum das so ist und wie wir Kraft und Inspiration im Dazwischen tanken können, statt uns in unheilvollen Gedanken an anstehende Veränderungen zu ergehen, darum soll es mir hier gehen.

Was ist denn dieses Dazwischen? Kann man das irgendwie fangen? Kann man das greifen? Kann man das fühlen? Dieses Wartezimmer des Lebens, in dem wir gefühlt alle gerade stecken? Und kann man vielleicht sogar was Gutes damit machen? Können wir das Dazwischen nutzen, um daran zu wachsen?

Die Antwort ist ja! Und wie immer ist das Kleingedruckte noch etwas ausgefuchster.

Apropos: ausgefuchst. Am besten lässt sich das Dazwischen als eine Landschaft begreifen, die wir immer mal wieder in unserem Leben besuchen. In dieser Landschaft leben einige Tiere, die uns die Safari durch Dazwischen-Land mal leichter, mal schwerer machen. Und damit es vollständig verwirrend wird: das Dazwischen liegt in uns, in der Art wie wir mit Wandel und Übergängen in unserem Leben umgehen. Die Tiere, um die es geht, sind unsere inneren Verarbeitungsmechanismen. Und die Safari, von der ich eben sprach, ist unsere Reise zur Selbsterkundung und Selbstreflexion in Veränderung.

Wenn wir sehr viel Glück haben, begegnen wir auf unserer Dazwischen-Safari, dem Erzähltier, das so gerne Geschichten schreibt und erzählt. Vielleicht treffen wir sogar das gerne faulenzende Gewohnheitstier. Und wenn wir sehr, sehr vorsichtig sind, dann könnten wir einen Blick auf das sehr scheue Überlebenstier erhaschen.

Lasst uns also in das Safari-Mobil einsteigen und den Reiseführer mit der Karte zum Dazwischen-Land zücken und diesem ominösen Landstrich mal richtig auf die Pelle rücken.

In der Anthropologie nennt man dieses „Zwischen-Land" auch den liminalen Raum. Der Ethnologe Victor Turner hat diesen Begriff maßgeblich geprägt. Er beschreibt damit einen Schwellenzustand, in dem ich mich als Individuum oder wir uns als Gruppe, Familie, Gesellschaft befinden, nachdem wir uns von etwas Existierendem gelöst haben, wie zum Beispiel von der Welt vor CORONA. Das heißt: das Alte ist nicht mehr so richtig gültig, aber in einem „Neuen Normal" sind wir auch noch nicht richtig angekommen.

Übergänge und Zwischenphasen sind nicht neu. Der Zustand des Dazwischen ist so wie die Menschheitsgeschichte. Seitdem es uns Menschen gibt, gibt es ein Dazwischen, in dem und durch das wir uns bewegen: immer zwischen etwas und etwas anderem.

Wir als Menschen und auch Gesellschaften pflegen bestimmte klassische Übergänge im Leben seit Menschengedenken mit Ritualen zu begleiten und zu akzentuieren, seien das religiöse Sakramente, sei das die Geburt des ersten Kindes, sei es die Einschulung, der Schulabschluss, die Eheschließung. Und all diese ritualisierten Übergänge finden wir in unseren Fotoalben: oftmals über Generationen hinweg festgehalten und bewahrt, auch wenn wir gar nicht mehr wissen, wer uns aus diesen Fotos genau entgegensieht.

Warum brauchen wir diese ritualisierten Übergänge in Zwischenphasen und Transformation? Trennung vom Alten ist schwer. Das Neue ist noch nicht da und zum Teil nicht sichtbar. So brauchen wir etwas, was wir als Menschen gemeinsam, als Ritual beschließen, um uns klarzumachen: hier ist ein Übergang. Hier ist eine Schwelle. Wir sind Passanten, nicht „Stehanten" Wir passieren den Dazwischen-Raum in einen anderen neuen Zukunftsraum. Das Wichtige dabei ist: Übergangsräume haben selbst keine Handlung, sie befördern jedoch die Handlung und eine Weiterentwicklung des Geschehens. Dabei geben uns Zwischenräume, insbesondere wenn sie von ritualisierten Übergängen begleitet werden, gleichzeitig einen klaren Rahmen für die Schwelle der Veränderung, als auch für die notwendige Kontinuität des Gesamtfadens des Entwicklungsprozesses, der über die einzelne Transformationsphase hinausgeht.

Da passiert also zuweilen gar nicht so viel Aktion in so einem Übergang. Der Raum selbst trägt nicht das Motto: „hier ist die Action-Bühne". Vielmehr ist seine Funktion ehcr das „Um zu". Zwischenräume und Zwischenphasen sind im wahrsten Sinne des Wortes Übergänge. Wir gehen von einem Hier und Heute über in ein Anderswo und Anderswann. Der Zwischenraum bringt uns dabei von Punkt A nach Punkt B. Er hat selbst nicht die Funktion, dass in diesem Zeitrahmen eine Handlung passiert, sondern die Funktion, dass er uns in ein anderes befördert. Man kann ihn sich gerne auch als Förderband, Rolltreppe, Bus, Zug vorstellen. Alles, was ohne Start und Destination keinen wirklichen Sinn hätte, außer für Liebhaber.

Treppenhäuser und Aufzüge sind ganz klassische physische liminale Räume. Ganz wenige von uns würden auf die Idee kommen, in einem Aufzug zu wohnen oder unser Bett in einem Treppenhaus oder auf einen Parkplatz zu stellen. Diese Treppenhäuser und Aufzüge haben an und für sich eine befördernde Funktion innerhalb eines Raumkonzeptes. Selten haben sie eine alleinstehende Funktion ohne das Gebäude, in dem sie Menschen von A nach B befördern. Wenn ich ein Treppenhaus einfach so unkommentiert in eine Wüste stelle, würde ich hinlaufen und mich wundern, warum es existiert und welche Funktion es haben mag. Zulässig wäre definitiv die Frage: Ist das Kunst? Und auf diese würde ich persönlich recht schnell kommen, wenn ich die utilitaristische Funktion eines Gegenstands nicht erkennen oder mir erschließen kann. Wenn Zwischenräume ihre Funktion verlieren, also ein Leuchtturm außer Betrieb geht oder ein Einkaufszentrum aufgegeben wird und brach liegt, passiert oft etwas Spannendes. Diese verlorenen Orte werden von einem Gefühl von Traurigkeit, Wehmut, von Verlust und häufig auch von einer brüllenden Einsamkeit durchzogen. Die Natur erobert sie zum Teil als Lebensraum und überwuchert ehemals ordentliches Menschgemachtes mit chaotischem, organischem Wachstum. Neue Schönheit und neue Funktion entsteht.

Das heißt, diese Zwischenräume sind und waren nicht Orte des Verweilens, sondern Förderbänder des Durchgangs, bei denen wir das Ziel oder den finalen Zustand zuweilen zu Beginn des Durchgangs noch gar nicht erkennen können. Wenn wir beispielsweise mit dem Aufzug in den zehnten Stock fahren, wissen wir womöglich vor dem Aussteigen gar nicht, wie das da genau aussieht, insbesondere wenn wir noch nie im zehnten Stock dieses Gebäudes waren. Das lässt sich wahnsinnig gut auf die Zukunft als Zielzustand von Transformationen übertragen. Denn die Zukunft hat ja diese Funktion, dass sie irgendwie ein wenig unbekannt ist. Und so fahren wir in

Transformationsprozessen wie in einem Aufzug zu einem Stockwerk, das wir noch nicht kennen, von dem wir uns wünschen, dass wir es dort gut oder sogar besser als heute haben werden.

Bevor sich aber die Türen im Stockwerk Zukunft tatsächlich öffnen, wissen wir es aber nicht mit Gewissheit. Überraschungen sind Programm. Es könnte gefährlich sein. Es könnte aber auch ein Abenteuer werden. Oder beides.

Ich lebe heute in Westeuropa in einem Zeitalter der Menschheitsgeschichte, in dem für mich viele Freiheiten so groß sind, wie sie vielleicht noch nie zuvor waren. Ich habe die Freiheit, meine Religion frei auszuüben, meinen Beruf selbst zu wählen, meine Bekleidung und sogar meine Geschlechtsidentität selbst zu bestimmen. Das sind schwer errungene Freiheiten, die mir die Möglichkeit geben, mein Potenzial zu entfalten und selbst bestimmt zu leben. Wenn in früheren Generationen bereits mit der Geburt vorgeschrieben war, welche Religion ich ausübe, welchen Beruf ich ergreifen werde, zu welcher gesellschaftlichen Schicht ich gehöre und möglichweise welchen Partner ich heiraten werde, dann klingt das für mich sehr befremdlich und einengend. Gleichzeitig kann ich sehr gut nachvollziehen, dass diese Art der sozialen Vorschrift viel Struktur und Klarheit vermittelt und damit auch unangenehme und undurchsichtige Übergänge des Lebens regelhaft gestaltet und damit entlasten kann. War es also früher besser? War das Leben einfacher? Vermutlich nicht. Es gab aber eben eine Struktur und damit Orientierung. Die Freiheit, die wir heute haben, unsere Übergänge selbst zu gestalten, birgt gleichzeitig auch die Verantwortung, die wir heute haben, unsere Übergänge auch selbst zu gestalten. Und wir Menschen tun uns mal schwerer, mal leichter in Übergängen, denn oftmals sind diese Phasen nicht die leichtesten Zeiten in unseren Leben.

Warum ist das so? Warum fallen uns Menschen Übergänge so häufig schwer?

Ein kleines Beispiel: stellen wir uns eine Eintagsfliege vor, die am Morgen schlüpft – fertig programmiert und mit all dem ausgestattet, was eine Eintagsfliege so für ihr Leben braucht. Betriebssystem ist online, Akkus sind voll aufgeladen, alles Apps auf dem Eintagsfliegen-Desktop sind geöffnet: die Eintagsfliege schlüpft, schlägt ein wenig mit den Flügeln und fliegt dann los, ihr Leben zu verrichten. Natürlich ist das Beispiel sehr verkürzt dargestellt und auch nicht biologisch oder anatomisch vollständig oder im Detail ganz korrekt. Mit einer Prise Salz genommen, beschäftigt sich das Gedankenspiel hinter diesem Beispiel mit geschlossenen Reflexsystemen. Es scheint im Tierreich eine Reihe häufig kurzlebiger Organismen zu geben, die mit einer größeren Menge automatischen Reaktionen (Reflexe, Automatismen) zu Situationen auf die Welt kommen, um besser zu überleben. Wenn das Umfeld, in dem dieser Organismus lebt, eher stabil ist, die Umweltbedingungen nicht groß schwanken bzw. es ausschließlich eine bestimmte Nische in einem Ökosystem besiedelt, ist so ein geschlossenes Reflexsystem auch eine kluge Einrichtung, weil sehr effizient.

Wenn wir aber wiederum in sehr instabilen Zuständen leben, mit viel Wandel bzw. vielen verschiedenen Umweltbedingungen und Ökosystemen zurechtkommen wollen oder müssen, dann ändert sich das evolutionäre Spiel etwas. Die Geister mögen sich streiten, welche Orte die nun kältesten oder heißesten von Menschen bewohnten sein sollen. Greifen wir einfach zwei eher extreme Pole heraus: die russische Stadt Yakutsk mit durchschnittlichen Wintertemperaturen um die -40 Grad und die iranische Wüstenstadt Ahvaz mit durchschnittlichen Sommertemperaturen bei rund +46 Grad. Wir sprechen von uns Menschen als Angehörigen einer Spezies, die sich in einem Temperaturintervall von 80 Grad Celsius häuslich eingerichtet haben. Ob es nun die Kälte oder Hitze ist, die Beschaffenheit der Landschaft von Bergen über Wüsten bis ans Meer, dichte Bebauung oder einsame Leere, Luftqualität, Lautstärke, Luftfeuchtigkeit, Ergiebigkeit der Nahrungsquellen: wir Menschen scheinen die unterschiedlichsten Ökosysteme besiedelt zu haben, ohne dass wir unsere Grundbeschaffenheit biologisch zu viel an die Umwelt angepasst haben zu müssen.

Was ist also bei uns anders als bei der Eintagsfliege oder einem Organismus mit einem vornehmlich geschlossenen Reflex-System. Stellen wir uns einmal ein neugeborenes menschliches Baby vor. Im Unterschied zur Eintagsfliege, die sofort mit ihrem Leben loslegen kann, wäre ein menschlicher Säugling sehr hilflos, wenn wir es nach der Geburt nach draußen stellen würden und erwarten würden, dass es sein Leben nun eigenständig meistern könnte. Unabhängig davon, dass eine solche Handlung ein strafbares Verbrechen wäre, würde der Säugling nicht lange überleben. Und die Moral von der Geschicht': wir Menschen benötigen einiges an Fürsorge und Zuwendung durch die Erwachsenen unserer Spezies, bis wir eigenständig lebensfähig sind, denn wir sind im Wesentlichen kein geschlossenes Reflexsystem. Bei uns hat sich die Natur etwas Anderes gedacht. Wir sind ein offenes Reaktionssystem mit einer großen

Speicherplatte und einem anständig schnellen Prozessor. Unser Betriebssystem heißt „Lernen". Wir haben also Zugriff auf einen sehr großen App-Shop des Lebens, allein die Applikationen müssen wir uns Schritt für Schritt selbst herunterladen.

Das heißt, wir müssen erlernen, wie das Leben funktioniert, was gefährlich ist, was nicht. Diese Sache mit dem Lernen, die ist richtig super. Denn wenn die Welt so instabil ist wie heute, sind wir nicht festgelegt auf einen Reflex und nur auf diesen. Wir können verlernen, umlernen, neu lernen und uns anpassen. Wir sind für bewegliche Ziele gemacht. Natürlich haben wir als Menschen auch einiges an Reflexhaushalt, jedoch gibt uns unsere Lernfähigkeit verhältnismäßig viel Zugriff darauf, uns selbst in verschiedensten Umwelten zu modellieren und anzupassen.

Nachdem wir nun eingehend die Landschaft des Dazwischen-Raums und seine Beschaffenheit bewundert haben, wird es langsam Zeit unserem ersten Tier auf unserer Transformationssafari zu begegnen. Hinter der nächsten Wegbiegung warten sie schon auf uns: eine Herde Erzähltiere.

Die innere Erzählherde lebt in einem reichen und bunten Teil unseres unserer Landschaft, ganz in der Nähe einer ergiebigen Wasserquelle, die sich „das Gedächtnis" nennt. Die Erzählherde spinnt dabei kühne Bauten in dieser Landschaft, die an Schönheit und Detailreichtum kaum zu überbieten sind: „Geschichten". Was hat es also mit diesem Erzähltier auf sich? Wir Menschen sind geborene Märchenonkel und Märchentanten. Lange bevor wir Schrift erfunden haben und unser Wissen in Bibliotheken sammelten, zeichneten unsere Urahnen ihre Erlebnisse seit an Höhlenwänden, gaben ihre unsere Erkenntnisse, Ermahnungen und ihr Gelerntes an Lagerfeuern weiter, zeigten den Jüngeren, wie man jagt und sich vor dem Unmut der Natur schützt. Und heute? Die Datensumme der Weltkenntnisse wir auf viele Hunderte Trillionen Bytes geschätzt. Das ist eine kaum unermessliche Zahl an Wissen, an Liedern, an Kunst, an Filmen, an Geschichten, wenn wir bedenken, dass die Kapazität unserer Gehirns auf rund 2 Terabyte (also 2.000 Gigabyte) geschätzt wird.

Sehr, sehr viel von dem, wie wir das Leben begreifen, sind Geschichten. Lernen erzeugen wir unter anderem wenn wir selbst probieren und experimentieren, aber auch indem wir den Geschichten und Erzählungen Erfahrener zuhören und ihnen beim Tun zuschauen. Und diese Art in Geschichten zu lernen nutzt unser Gedächtnis, um uns ein bisschen besser für das Leben zu programmieren. Denn wie vorhin schon erwähnt, werden wir Menschen recht hilflos geboren und müssen uns sozusagen im App-Store des Lebens die notwendigen Überlebens-Apps herunterladen.

Unsere Überlebens-Apps sind als soziales Programm geschrieben, Geschichten sind dabei die Algorithmen, die uns als Kochrezepte durch verschiedenste Unwägbarkeiten des Lebens bringen sollen. Das heißt, durch Geschichten lernen wir: wer die Guten und wer die Schlechten sind. Wir lernen zum Beispiel „Die Zehn Gebote" als Regeln des guten Zusammenlebens. Wir lernen, nicht über eine rote Ampel zu gehen, weil uns das umbringen kann. Wir lernen, nicht auf eine heiße Herdplatte zu greifen, weil das wehtut. Wir lernen im Winter eine Mütze aufzuziehen, weil wir uns sonst erkälten. Wir lernen die Werte unserer Gesellschaft aus Kindergeschichten: von der Goldmarie und der Pechmarie. Wir lernen aus Romanen, wann wir Helden sein sollten und wann wir besser mit Gefährten als Gruppe in ein Abenteuer ziehen. Geschichten sind unser sozialer Überlebens Code, denn nicht alles können wir ausprobieren und die Situation unbeschadet überleben. Ich erinnere kurz an die rote Ampel: kann gut gehen, muss aber nicht!

Wie jeder gute Algorithmus haben Geschichten eine bestimmte Struktur, damit unser Gehirn sie besonders gut verstehen kann. Diese Struktur beginnt mit: „es war einmal...". Danach werden die Akteure eingeführt und die Handlung in drei, fünf oder gar sieben Akten vollzogen. Und zum Abschluss gut erkennbar: „lebten sie glücklich und zufrieden bis an ihr Lebensende. Und wenn sie nicht gestorben sind, so leben sie noch heute".

Diese Struktur ist allen gut verdaulichen Geschichten inhärent. Es gibt einen Anfang, an dem wir gut merken können, dass jetzt die Geschichte losgeht Es gibt einen Mittelteil, in dem die Handlung passiert. Und es gibt ein Ende mit einem mehr oder weniger offensichtlichen oder expliziten Fazit. Das ist alles schön und gut. Die Frage ist nur: was hat das alles mit Transformation zu tun. Und warum lebt die Erzählherde im Dazwischen? Das macht doch keinen Sinn?

Nun ja: die Erzählherde ist nicht einheimisch im Dazwischen. Für sie ist das Dazwischen eher verwirrend, denn der Zwischenraum befindet sich im Übergang zwischen dem Ende einer Geschichte und dem Beginn einer neuen Handlung. Die Erzählherde steht also im Dazwischen zuweilen etwas ratlos und verloren in der

Gegend herum und muss sich orientieren. Denn die Landschaft im Dazwischen will halt nicht gut zur Landkarte im Kopf von Anfang, Mitte. Und Ende passen. Die Erzählherde sucht den nächsten Wasserlauf des Erzählfadens, schaut hin und her und fragt sich: was ist denn hier die Geschichte? Und das Gemeine daran: das Dazwischen hat noch nicht mal eine Handlung. Hier fließt nämlich gar kein Wasserlauf so richtig voran. Und wer schon einmal versucht hat, eine Geschichte ohne Handlung zu sehen oder einen Film ohne Handlung anzuschauen, weiß: das kann von Tiefgründig bis langweilig zu sehr, sehr langwierig gehen.

Was machen wir also mit der etwas ratlosen und umherirrenden Erzählherde, die verzweifelt nach der strukturierten Handlung der Geschichte im Übergang sucht? Erst einmal erkennen wir an, dass wir eine orientierungslose Erzählherde vor der Nase haben und verwirrt sind. Und dann müssen wir lernen, uns im Dazwischen-Raum anders zu orientieren und uns einen anderen Kompass und eine andere Karte zu basteln, als wir das in einer stabilen Situation machen würden. Dazu braucht es ein wenig Mut, ein wenig Sinn und ein wenig Unterstützung. Dazu aber später mehr.

Denn, wenn wir jetzt zur linken Seite aus unserem Safarimobil schauen, fahren wir schon direkt auf das Gewohnheitstier zu. Das wollen wir nicht verpassen. Das Gewohnheitstier ist ein wenig widersprüchlich: es ist zum einen eher gemütlich, geradezu faul, und gleichzeitig zu, anderen sehr, sehr effizient. Auf unserer Safari erwischen wir unser Ansichtsexemplar gerade dabei, wie es in der Sonne liegt und sich den Pelz wärmen lässt. Gemütlich und majestätisch genießt es die warmen Sonnenstrahlen, wie ein Löwenmännchen, das niemandem etwas beweisen muss und die Weibchen des Rudels gerade zum Jagen geschickt hat. Alles im Griff, alles im Lot bei unserem Gewohnheitstier.

Unser inneres Gewohnheitstier hat Einiges mit unserem Gehirn zu tun. Unser Gehirn ist unverbrüchlich sehr leistungsfähig. Diese Leistungsfähigkeit jedoch kommt mit einem hohen Preis, denn sie benötigt verhältnismäßig viel Energie. Sehr überspitzt und verkürzt formuliert, ist das Gehirn eines erwachsenen Menschen ein Energiefresser. Unser Gehirn nimmt in etwa 2% unseres Körpergewichts ein, benötigt aber rund 20% unseres gesamten Energieverbrauchs. Ungefähr die Hälfte dieser 20%, also 10% des gesamten Energieumsatzes unseres Körpers, brauchen wir alleine, damit das Gehirn betriebsbereit ist – im Standby-Modus sozusagen für den normalen Stoffwechsel der Nervenzellen. Zum Vergleich benötigt unser Gehirn in etwa anderthalb mehr an Energie als unser Herz im gleichen Zeitintervall.

Dieses Denken und dieses Gehirn scheinen ja richtig kostspielige Einrichtungen zu sein.

Und spätestens jetzt wird uns klar, warum oftmals lieber „googeln" als denken: weil es einfach energieeffizienter ist. Das findet wiederum unser Gewohnheitstier extrem gut. Das heißt, unser Gehirn ist sehr darum bemüht, sich wiederholende Ereignisse oder Erlebnisse, in klaren Strukturen und verallgemeinernde Algorithmen zu gießen und so abzuspeichern, dass es diese Algorithmen leicht abrufen kann.

Wie kann man sich das vorstellen? Wenn wir jeden Morgen das Autofahren oder das Zähneputzen, Kaffeekochen, Anziehen, Telefonieren etc. neu lernen müssten, würden wir über den Tag nicht viel anderes tun und auch nicht so Vieles in Angriff nehmen können.

Wie funktioniert das? Ein Beispiel aus unserem Alltag: nachdem ich mühevoll gelernt habe, meine Augen, Beine und Hände so zu nutzen, dass ich ein Fahrzeug führen kann und den Führerschein bestanden habe, werde ich auf den Straßenverkehr losgelassen. Ich mache dann dieses Autofahren relativ häufig. Der häufiger und wiederholt genutzte Algorithmus „Autofahren" benötigt nach einiger Zeit nicht mehr meine beständige bewusste Wahrnehmung und Aufmerksamkeit. Ich kann es aus dem sprichwörtlichen FF. Vielleicht nicht mit verbundenen Augen, aber doch so mühelos, dass ich nebenher Musik oder ein Hörbuch hören kann, mich mit einem Beifahrer unterhalten kann oder auf das Navigationssystem achten kann. Das all dies nicht ganz ohne Kosten vonstatten geht, merken wir, wenn wir eine Schrecksekunde haben, uns jemand aus dem toten Winkel überholt, den wir gar nicht bewusst wahrgenommen haben. Vereinfacht gesagt funktioniert das so, dass unser Gehirn zunächst eine Einlernphase einlegt, in der es den Algorithmus bildet. In dieser Phase benötigen wir unsere bewusste Aufmerksamkeit für die Informationsverarbeitung des Vorgangs „Autofahren", weil die Verfahrensweise uns noch nicht in Fleisch und Blut übergegangen ist. Nach dieser ersten Phase, generiert unser Gehirn eine Art Programm für das Autofahren und befördert diesen Algorithmus in die unbewusste Informationsverarbeitung. Das Programm kann sozusagen ohne unsere bewusste

Aufmerksamkeit auf „Autopilot" laufen. Dies erlaubt uns dann parallel viele andere Dinge zu tun, wie eben Musik zu hören oder uns zu unterhalten, da der etwas enge Verarbeitungskanal der bewussten Wahrnehmung – der Zwischenspeicher – nicht für das Autofahren an sich benötigt wird.

Nun ist aber ein neues Programm aufzusetzen nicht ganz so einfach. Bewusste Verarbeitungskapazität ist limitiert und lernen ist anstrengend. Für unser System ist der Aufbau eines Algorithmus relativ kostspielig, so effizient die spätere automatisierte Nutzung auch wird, denn es müssen neue Verbindungen aufgebaut werden und auch Altes und Gewohntes zuweilen aus dem Weg geräumt werden. Unser effizientes Gewohnheitstier hat einen eingebauten Trägheitsvektor, der sich besonders dann bemerkbar macht, wenn das zu Lernende viel Energie kostet oder sogar im Widerspruch steht zu Bewährtem.

Wenn wir also über Jahrhunderte davon ausgehen, dass die Erde eine Scheibe ist, werden wir es erst einmal mit Befremden aufnehmen, dass jemand postuliert, sie sei eine Kugel. Das will nicht so recht in unser Weltbild passen, dass wir über Generationen mühevoll auf Erkenntnissen vorherrschender Experten gestützt aufgebaut haben. Diesen Zustand des inneren Widerspruchs zwischen unserem Weltbild und einer fremdartigen Meinung, Wahrnehmung, Information nennen Psychologen kognitive Dissonanz. Das heißt: wir haben eine Dissonanz, einen nicht mit Leichtigkeit vereinbaren oder in unser Weltbild integrierbaren Unterschied: einen Widerspruch, der nicht passen will zwischen der Welt in unserem Kopf und Ereignissen da draußen in der wahrnehmbaren Welt. Zunächst sind wir verwirrt, wir belächeln das Neue als Einzelmeinung eines irrwitzigen Gehirns. Dann werden wir womöglich sogar trotzig in der Verteidigung des Bewährten.

Es gibt im Wesentlichen zwei Möglichkeiten, diesen Zustand aufzulösen. Entweder ändern wir unsere Weltsicht und sagen: „OK, die Erde ist doch eine Kugel". Oder wir passen das Gehörte an unser Weltbild an. Wenn uns keine der beiden Alternativen gelingen will, ignorieren wir gekonnt die neue Information oder exkommunizieren den Überbringer der widersprüchlichen Meinung. Meist wählen wir die zweite Variante und halten an das Bewährte so lange fest, wie wir den Widerspruch aushalten oder die neue Information unbeschadet ignorieren können. Warum? Weil das einfach effizienter Ist. Und so halten wir uns mit Zähnen und Klauen an Gewohnheiten fest, solange wir nur können.

Das funktioniert auch gut, solange sich die Situation da draußen in der Welt außerhalb unseres Kopfes nicht so drastisch oder schnell verändert, dass die Grundfesten unserer Überzeugungen gefühlt sehr plötzlich und massiv in Frage gestellt werden, wie zum Beispiel durch eine Pandemie. Wir können unsere gewohnten Programme nicht mehr abfahren, unsere Alltagsrituale nicht mehr einfach so abspulen. Wir fahren nicht mehr jeden Tag ins Büro, treffen Kollegen, geben uns die Hand, sitzen in Meetings, essen gemeinsam in der Kantine vom Büffet. Urplötzlich passt einfach mein Verhalten so gar nicht mehr zu dem, was in meinem Alltag passiert. In diesem Zwischenraum befinden wir uns gerade.

Wir haben genau diesen dissonanten Impuls der Außenwelt bereits bekommen. Der Zwischenraum an und für sich ist einfach, ist nicht böse, nicht gut. Er ist da, so wie er sich darstellt und gestaltet. Das ist einfach ein Zustand der Welt, die sich verändert hat. Was wir dabei empfinden, steht auf einem anderen Blatt. Wir verbinden dissonante Impulse der Außenwelt oft mit negativen Emotionen. Alleine schon, weil sie unsere gewohnten Kreise stören, gar in Frage stellen. In Zwischenräumen empfingen wir oft zunächst Unverständnis, ein Gefühl des Verlustes, Trauer und Wehmut um die gute alte Zeit, oder sogar Ärger und Wut darüber, warum sich schon wieder alles verändern muss, wo wir doch unser Leben gerade so gut im Griff hatten. Und wir sehen es nicht ein, dass sich etwas verändern muss. Wir wählen das Ignorieren der neuen Information und reiten das womöglich schon längst tote Pferd der Gewohnheit noch viele Meilen weiter, um unsere bewährten Strukturen effizient zu halten, noch ein Weilchen zu schützen. Und dann wundern wir uns. Wie kann das sein, dass wir nicht vom Fleck kommen und Andere uns links überholen? Der Unterschied mag darin liegen, dass diese Anderen vielleicht früher schon erkannt haben, dass Pferdes nicht mehr atmet, abgestiegen sind und sich ein neues Gefährt für ihre Weiterreise gesucht haben.

Was ist also unsere Erkenntnis zum Gewohnheitstier? Es ist sehr träge, oft trotzig und tanzt gerne zu seinem eigenen Takt, auch wenn die Musik schon längst gewechselt oder aufgehört hat. Es hat kein besonders gutes Timing und es handelt nie übereilt, denn es hat etwas zu schützen: nämlich unsere Energie-Effizienz. Und weil es manchmal trotzig außer Takt tanzt, gilt es, insbesondere in Übergängen und Zwischenphasen gut darauf zu achten, was das unser inneres Gewohnheitstier so tut und treibt. Das heißt auch loszulassen. Loslassen ist ein bewusster Akt, der natürlich auch Verlust, Schmerz, Trauer um die gute alte Zeit, um die gute alte Gewohnheit beinhaltet. Bevor wir uns dem Neuen zuwenden können, sollten wir unserem Gewohnheitstier die Achtung schenken, die es als Schatzmeister unserer Energie verdient. Um es dann sanft, aber bestimmt in das Neue zu bugsieren. Dann kann unser Gewohnheitstier seine Neugierde, Entdeckungslust und seinen Abenteuergeist entdecken.

So, nachdem wir uns jetzt aus dem linken Fenster unseres Safarimobils schon die etwas verwirrt in der Gegend herumstehende Erzählherde und das löwenhafte Gewohnheitstier bestaunen konnten, müssen wir nun sehr leise und behutsam auf das nächste Tier warten. Es ist sehr, sehr scheu und dazu noch schreckhaft. Wenn wir aber genau hinschauen, können wir im Schatten ganz zaghaft das Überlebenstier sehen.

Wie ein sehr aufmerksames Erdmännchen beobachtet es die Umgebung, steht Schmiere für die Gruppe und wartet auf die nächste Gefahrensituation, vor der es alle anderen frühzeitig warnen muss.

In uns allen ist ein Master Programm für Gefahrensituationen angelegt. Sehr vereinfacht dargestellt, verorten Neurologen in unserem Gehirn einen Funktionsbereich, den sie mit Amygdala bzw. Mandelkern bezeichnen. Natürlich wissen wir, dass unser Gehirn nicht wie ein Apothekerschrank funktioniert, in dem jede Schublade eine bestimmte Funktion enthält. Vielmehr sind in unserem Gehirn viele Bereiche miteinander verbunden und tragen gemeinsam als Komplex zu verschiedenen Funktionen bei. Der Einfachheit halber, bleibe ich aber beim Mandelkern als „neurobiologische" Überschrift für unser Überlebenstier.

Dieser Mandelkern ist für uns, die wir in sich ständig wandelnden Umwelten als offene Lernsysteme leben, ein sehr guter und hilfreicher Unterstützer. Denn wir brauchen einen Hüter, oder besser einen Türsteher, der uns vor Gefahrensituationen schützt. Ob sich uns nun die Nackenhaare aufstellen, wenn wir das Gefühl haben, dass etwas nicht stimmt, wir von einer Klippe etwas zurücktreten, weil uns schwindelig wird: das sind alles kluge Mechanismen, die unser Überleben in potenziell gefährlichen Situationen sichern.

An dieser Stelle wird häufig der sprichwörtliche Bär oder Säbelzahntiger angeführt, der evolutionsbiologisch unsere Angriffs-/Fluchtreaktion hervorzurufen vermag. Würden wir heute vor einem Bären oder meinetwegen von einem Tiger stehen, würden sich uns bestimmt die Nackenhaare aufstellen. Das ist auch richtig so. Denn: wenn der Bär oder der Tiger uns reißen würden, wär's halt rum mit dem Überleben. Heute sind es vielleicht nicht mehr der Bär oder der Tiger, die unsere Stressreaktionen hervorrufen, sondern vielmehr chronischer Stress, zu lange Arbeitszeiten, finanzielle Sorgen, Einsamkeit.

Aber zurück zu unserem Überlebenstier: Diejenigen von uns, die eine gute Signalfunktion für Bedrohung hatten und diesen Wegweiser: „Achtung, hier ist eine Gefahr!" gut lesen konnten, haben eher und vermutlich häufiger überlebt haben als die Waghalsigen. Das heißt: die meisten von uns sind eher Abkömmlinge derer, die hinten in der Höhle standen und andere bei der Gefahrenbekämpfung vorgelassen haben. Vielleicht wären wir lieber die selbstlos, waghalsigen Helden. Helden aber überleben ihre eigene Geschichte oft nur mit Hängen und Würgen; und kehren meist ziemlich lädiert von ihren Abenteuern zurück.

Ob wir nun ein besonders aktives Überlebenstier haben oder nicht: haben tun wir das alle. Wenn es denn mal anspringt, macht es körperlich verschiedene Dinge mit uns. Unser Überlebenstier verdickt unsere Blutgefäße, damit Blutfluss mit höherem Blutdruck durchfließen kann. So können Sauerstoff und Adrenalin mit Hochdruck in unsere Muskeln gepumpt werden, damit diese in Alarmbereitschaft für Angriff oder Flucht versetzt werden.

Doch damit nicht genug. Gleichzeitig schaltet unser Überlebenstier unsere soziale Empathie ab. In unserem Bärenbeispiel verbleibend: „Hauptsache ich überlebe und renne einfach schneller als der Langsamste von uns". Zudem wird unsere Fähigkeit rational abzuwägen und zu entscheiden im präfrontalen Cortex gedimmt. Warum? Es hilft nicht viel über die richtige Handlungsalternative innerlich zu debattieren, wenn der Bär einen halben Meter vor mir steht. Dann muss gehandelt werden, und das sehr schnell.

Dieses Master Programm ist unser Survival Override Algorithmus. Das Programm Angst.exe ist das Hauptwerkzeug unseres Überlebenstiers. Angst.exe ist ein hoch menschliches Programm, das uns hilft, in gefährlichen Situationen sehr aufmerksam zu sein und uns zu schützen. Die Krux an der Sache ist, dass Angst.exe mit Ratio und Empathie kurzzeitig zwei Faktoren abschaltet, die uns mitunter zu Menschen machen: das Denke, die Fantasie, das Planen, das Mitgefühl, das Miteinander, das Experimentieren und Entdecken, die lernende Grundhaltung.

Weil das alles nix hilft, wenn wir tot sind.

Das stellt erst einmal kein Problem dar, wenn unser Überlebenstier kurz die Führung übernimmt, um in einer Ausnahmesituation unser Überleben zu sichern. Wenn aber unser gesamtes Leben durch chronischen Stress zu einer Ausnahmesituation wird und die Ausnahme zur Regel wird, dann wird Angst.exe das vorherrschend abgespielte und genutzte Programm.

Alles kann und wird zu einer Bedrohung werden. Insbesondere in Übergängen, die wenig Struktur, dafür viel Unbestimmtheit und potenzielle Risiken an jeder Ecke bergen, fühlt sich unser Überlebenstier berufen, zur Höchstform aufzulaufen. Für unseren Mandelkern ist das Dazwischen wie ein Sechser im Lotto mit Zusatzzahl. Wenn das Überlebenstier da nicht anspringt, haben wir keins. Darum suchen wir: sofort und nach allem, was uns rettet, was das Unangenehme wegmacht, das Unwohlsein aufhören lässt.

Was machen wir in der Pandemie? Manche entscheiden sich zu kämpfen. Sie wollen das Problem lösen. Gehen auf die Straße, demonstrieren, machen Hackathons, um Lösungen zu finden. Oder wir fliehen. Wir lenken uns ab und wir verdrängen. Ich putze meine Wohnung. Ich streiche meinen Zaun. Ich räume mein Keller auf. Hauptsache, ich mache irgendetwas. Das ist doch aber auch alles eine Ablenkung, oder? Oder wir frieren ein wenig ein: Wir betäuben uns mit Alkohol, Zigaretten, shoppen die Online-Plattformen leer. Das beruhigt.

Was aber wirklich und nachhaltig im Dazwischen mit der Verwirrung unserer Erzählherde, dem Starrsinn und der Unbeweglichkeit unseres Gewohnheitstiers und dem Hohldrehen unseres Überlebenstiers helfen kann, ist weniger eine Überlebensreaktion.

Als erstes hilft es uns, tatsächlich den Dazwischenraum um uns herum bewusst wahrzunehmen und ihn auch ein wenig auszuhalten. Wir schauen uns um, spüren die Weite der Unbestimmtheit und kommen erst einmal so richtig im Absprung vom Alten an. Denn damit beginnt die Reise zur Transformation erst richtig. Und das Dazwischen ist der erste Schritt.

Der Übergang will gebührend gewürdigt werden. Wir müssen uns auf ihn einlassen und dort aktiv stattfinden. Dabei ist die Erkenntnis, dass wir uns in Zwischenräumen in einem Ausnahmezustand befinden, eine ganz natürliche. Das etwas endet und wir nicht so recht wissen, wie es weitergeht, mag uns nicht neu sein, dennoch ist es eine Ausnahme zu unserem Gewohnten und darf befremdlich sein. Eine Ausnahme ist eine Ausnahme! Sie kann aber eine tolle Möglichkeit zur Weiterentwicklung werden oder gar ein wunderbares, wenn auch anstrengendes Abenteuer.

Eine meiner Heldinnen ist Alice aus dem Buch „Alices Abenteuer im Wunderland" von Lewis Carroll. Alice fällt durch ein Loch in einen Hasenbau als sie einem sprechenden Kaninchen folgt, das ständig auf seine Uhr starrt und meint, es komme zu spät. Als Alice beschließt, eine klitzekleine Flasche, auf der steht „Trink mich" zu öffnen und daraus zu trinken, nicht wissend, ob sie Gift enthält, akzeptiert sie ihre Verwirrung und lässt sich auf ein Abenteuer ein. Auf ihrer Reise durch das Wunderland, begegnet einem irren Hutmacher, einer Raupe, die Lebensweisheiten verbreitet, einer Katze ohne Körper und vielen, vielen anderen befremdlichen Charakteren. Sie schrumpft und wächst und verändert sich auch selbst.

Meine zweite Heldin ist Dorothy aus dem Buch „Der Zauberer von Oz" von Lyman Frank Baum. Dorothy wird durch einen Tornado entwurzelt und landet in einem fremden Land, genannt Oz. Dort hingepurzelt sucht sie den Weg nach Hause zurück, findet eine Straße und dann noch einige Weggefährten. Sie hangelt sich von Situation zu Situation. Wichtig aber ist: sie geht los, auf der Suche nach der Stadt Oz, in der ein Zauberer leben soll, der ihr helfen könnte, wieder nach Hause zu kommen. Natürlich hat Dorothy Angst, als sie in einem wildfremden Land nach einem Tornado landet. Aber sie macht den ersten Schritt auf diesem Weg, von dem sie nicht weiß, wie lang oder wie verschlungen er ist und wie viel Gefahren er birgt. Sie sucht aktiv nach einer Lösung und merkt am Ende, dass sie gar keine fremde Hilfe benötigt, um sich aus ihrem Dilemma zu befreien. Die Schuhe, die sie trägt, bringen sie durch Zusammenschlagen der Haken direkt wieder nach Kansas zurück.

Meine dritte Heldin hat etwas mit Eigenwilligkeit, Autonomie und Kreativität zu tun. Unser Gewohnheitstier mag Veränderung zwar nicht so gern. Pippi Langstrumpf, die Hauptfigur einer Kinderbuch-Reihe von Astrid Lindgren, jedoch macht sich die Welt, wie sie ihr gefällt. Sie lebt mit der Meerkatze Herr Nilsson und ihrem Pferd Kleiner Onkel in der Villa Kunterbunt, während ihr Vater König auf einer Südseeinsel ist. Sie ist das stärkste Mädchen der Welt und lässt sich von nichts schrecken. In Abwesenheit einer strukturierenden, erwachsenen Hand, also ihres Vaters, wird sie zur Autorin, aber auch zur Kern. Autorität ihrer eigenen Geschichte. Ohne Scheu, mit viel Witz und Verantwortung.

Was alle diese drei Heldinnen eint, ist ihr Geschick darin, ihre eigene Geschichte aktiv zu führen und tatsächlich Heldinnen ihrer eigenen Geschichte zu bleiben, wie unwägbar oder verwirrend auch der Weg oder die Umstände werden mögen. Und so beginnt für mich die erfolgreiche Arbeit im Dazwischen, nicht damit den Übergang zu negieren oder ihn verändern zu wollen, weil er ist, wie er ist. Die Arbeit im Übergang und in der Transformation beginnt für mich damit, an mir zu, an meiner Selbstführung, an meinem Moment von: „Ich fühle mich hier gut und ich kann die Gelegenheiten ergreifen, die mir dieser Raum auch bietet". Wissend, dass er anstrengend sein wird. Dass ich orientierungslos sein werde. Dass es mir schwerfallen wird, meine Gewohnheiten abzulegen. Und dass der Übergang mir auch ab und an Angst machen wird.

Das alles sind wichtige Momente, die es wahrzunehmen gilt und mit denen es zu arbeiten gilt. Denn der Übergang zeigt keine festgelegte Zukunft auf. Er ist ein Raum voller möglicher „Zukünfte", aus denen ich auszuwählen kann und die ich zu gestalten kann. Hier riecht es stark Abenteuer. Und wenn wir eher Lust auf Abenteuer haben, dann werden wir auch das Abenteuer finden.

Simona Popisti lernte das Grundhandwerk von Veränderung und Transformation in verschiedensten Stationen, Projekten und leitenden Managementpositionen der Automobilindustrie an unterschiedlichen Standorten in In- und Ausland. Von Recruiting über Berufsausbildung über Performance und Potential

Management, Compensation, Training & Nachwuchsentwicklung, executive Coaching, Laufbahnberatung, Nachfolgeplanung bis hin zu Diversity, Compliance und operativem Personalmanagement: die Entwicklung von Menschen und Organisationen beschäftigt sie in all ihren Facetten beruflich seit der Jahrtausendwende. In 2014 übernahm den Auf- und Ausbau des Bereichs Organisationsentwicklung für Mercedes Benz Cars und begleitete das Team durch die Start up-, Wachstums- und Konsolidierungsphase. In 2017 startete sie ergänzend das InnoLab für Organisationsentwicklung inner-halb der Daimler AG: ein Megatrend-fokussiertes Spin Off der Organisationsentwicklung in der Schnittstelle von Foschung, Innovation und Beratung. In 2019 gründete Simona die Transformationsberatung DenkSinn GmbH mit dem Ziel, kreative individuelle und unternehmerische Veränderung, Zukunftskompetenz für Menschen und Organisationen sowie organisches Wirtschaften zu befeuern und zu begleiten.

"Neue Führung" mit Appreciative Inquiry

Die Großgruppenmethode Appreciative Inquiry fördert einen wertschätzenden Ansatz und fokussiert auf das Positive. Mit dem Leitsatz „Worauf ich meine Aufmerksamkeit richte, davon bekomme ich mehr" dockt sie an vorhandenen Potenzialen an und kann so den Weg für Veränderungen ebnen.

Potenziale mit Appreciative Inquiry verstärken

150 Führungskräfte aus zwei Tochtergesellschaften der EWE AG nutzten die Methode im vergangenen Jahr, um neue Führungs- und Zusammenarbeitsmodelle über Geschäftsfeld- und Hierarchiegrenzen hinweg zu fördern. Damit einher gehen nicht nur neue Methoden und Führungskonzepte. Dimensionen wie die eigene Haltung und robuste Selbstwahrnehmung spielen eine ebenso wichtige Rolle. So steht die Frage nach der eigenen Identität als Führungskraft im Fokus. Ein derartiger Wandel kann nicht verordnet und top-down implementiert werden. Neben Wertschätzung und Anerkennung von Vergangenem und Gegenwärtigem, braucht es Raum für Reflexion, Dialog, Mut und eine gute Portion Neugier für das Zukünftige.

Das war Grund genug für die EWE AG, die jährliche Führungskräftekonferenz von zwei Tochtergesellschaften einmal anders zu gestalten. Statt mit einem klassischen, problemorientierten Ansatz, der für die Evaluation neuer Produkte und Technologien häufig funktioniert, wurde der gemeinsame Einstieg in die Veränderung mit einem potenzialorientierten Ansatz gestartet. Denn Führung und Führungskräfte sind kein „zu lösendes Problem", sondern das Potenzial für den Veränderungsprozess. Die Führungskräfte führen auch heute schon situativ, reflektieren ihre Rolle und erweitern ihr Führungsverständnis. Genau diese Potenziale gilt es zu fokussieren und zu verstärken. Denn worauf man seine Aufmerksamkeit richtet, davon bekommt man mehr. Das ist der Kerngedanke von Appreciative Inquiry (AI)[1].

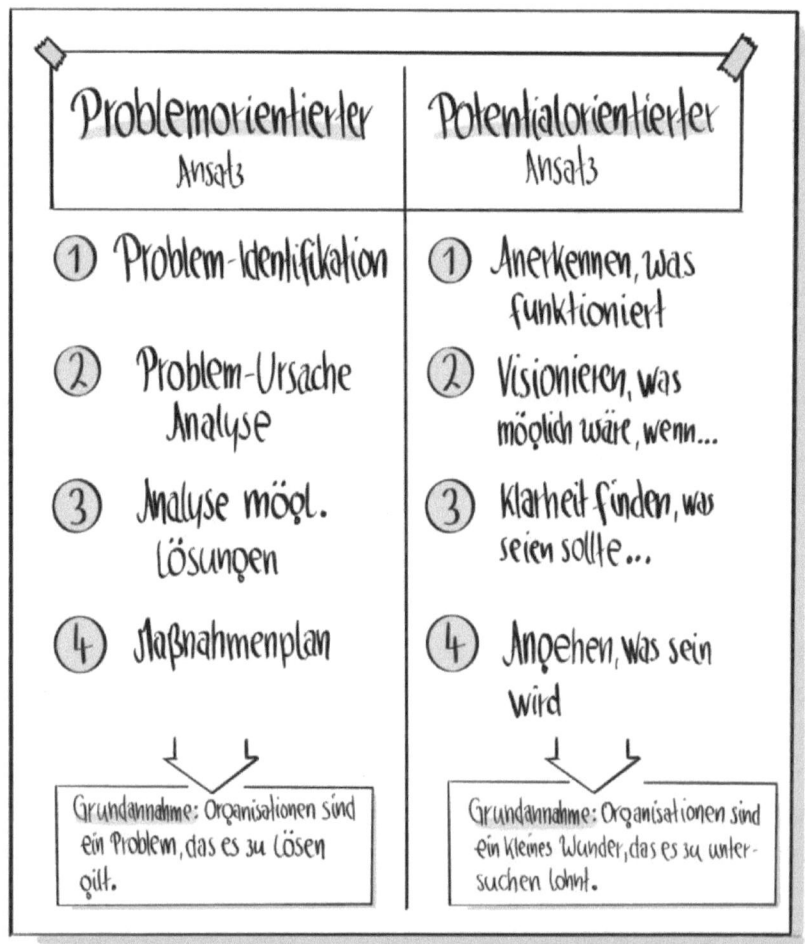

Abbildung 1: Problemorientierter vs. Potentialorientierter Ansatz (Zeichnung: C. Rasche)

Erläuterung – Potenzialorientierung

Menschen sind darauf konditioniert, auf Fehler zu achten. So liegt das Dasein von klassischen Managern teilweise einzig und allein darin. Der Erfinder der AI Methode, David Cooperrider, ist der Ansicht, dass problemorientierte Ansätze nicht mehr in der

Lage sind, Inspiration und Mobilisierung für Veränderung von menschlichen Systemen zu erzeugen und den Wandel längerfristig aufrechtzuerhalten.[2] Potenzialorientierte Ansätze erzeugen ähnlich wie problemorientierte Ansätze am Ende konkrete Veränderungsmaßnahmen – die Herangehensweise ist allerdings diametral anders.

Ausgangssituation & Vorbereitung

Die EWE AG ist als regionales Energie- und Telekommunikationsunternehmen in einem sich stark wandelnden und wettbewerbsintensiven Markt tätig. Um auch zukünftig den Kundenbedürfnissen in höchstem Maße gerecht zu werden, fördern die vertriebsnahen Tochtergesellschaften EWE VERTRIEB GmbH und EWE TEL GmbH verstärkt neue Zusammenarbeitsmodelle. Raus aus den bekannten Säulen, hin zu crossfunktionaler, team- und hierarchieübergreifender Zusammenarbeit. Der Status quo vor dem Workshop: Weiterbildungen zur Persönlichkeitsentwicklung sind gern genutzte Angebote von Führungskräften, um sich verstärkt mit der eigenen Rolle, Agilität und modernem Arbeiten auseinanderzusetzen. Gleichzeitig herrscht große Unsicherheit.

Der anstehende Führungskräfte-Workshop sollte genau hier ansetzen, Bewusstsein für die eigene Führungsrolle fördern und durch den gemeinsamen Austausch im gesamten Führungsteam zugleich die Chance auf neue Impulse und Anregungen für die persönliche und gemeinsame Entwicklung ermöglichen. Mit Hilfe ungewohnter Elemente sollte ein Raum entstehen, der neue Energien im Kreis der Teilnehmenden für den fortlaufenden Veränderungsprozess freilegt.

Im Mittelpunkt der Vorbereitung für den geplanten AI-Prozess stand zunächst die Entwicklung des Kernthemas. „Welches ist der erstrebenswerte Zielzustand? Was ist es, von dem wir mehr wollen?" Es bildet den Untersuchungskorridor für den Prozess der Discovery-Phase (für Details siehe Erläuterung). Ein erster Vorschlag wurde im Rahmen einer Pilotgruppe – einem repräsentativen Querschnitt der Zielgruppe – verprobt. Der erste Eindruck: Der potenzialorientierte Ansatz ist ungewohnt bis irritierend, das entwickelte Kernthema „Führung die Grenzen überwindet" nicht anschlussfähig. Es brauchte zwei bis drei Schleifen mit der Gruppe, bis das finale Kernthema „Wie möchte ich führen und wie möchte ich geführt werden?" gefunden war. Diese Fragestellung rief große Resonanz in der Pilotgruppe hervor. Und darum geht es beim Kernthema: Eine Fragestellung finden, mit der sich die Teilnehmenden auseinandersetzen wollen. Gleichzeitig ist das finale Kernthema laut der Methodenlehre eher ungewöhnlich, da es in der Regel einen herausfordernden, positiven Zielzustand beschreiben sollte. Doch genau diese offene, wertfreie Fragestellung schien den notwendigen Freiraum für einen ersten Dialog im gesamten Führungsteam des Unternehmens zu geben. Vorstand und die Unternehmensleitung unterstützten die Methode und waren offen für den Prozess. Dies ist eine notwendige Voraussetzung für AI als „ehrlichen Beteiligungsprozess". Ein weiteres Merkmal des ehrlichen Beteiligungsprozesses war die ausgesprochene Freiwilligkeit der Teilnahme. Auch wenn diese an vorherigen Führungskräftekonferenzen nicht explizit verpflichtend war, machte die Aussprache einer echten Einladung einen Unterschied und wurde sehr wertschätzend von den Teilnehmenden wahrgenommen. Zudem wurden diese im Rahmen der Einladung bereits auf das Thema und die Methode eingestimmt. Am Ende des Vorbereitungsprozesses blieb eine gewisse Anspannung im Vorbereitungsteam: Werden die Teilnehmenden aktiv mitmachen, sich öffnen und ihre Geschichten öffentlich teilen?

Erläuterung – Appreciative Inquiry

David Cooperrider hat die Methode zum ersten Mal in den 80er-Jahren beim Omni Hotel erprobt. Das Low-Budget-Hotel wurde kurz zuvor von der nahegelegenen Cleveland-Klinik gekauft und renoviert, um Angehörige von Patienten unterzubringen. Es dauerte nicht lange, bis die Beschwerden über den schlechten Service im Hotel in der Klinik ankamen. Die bestehende Belegschaft des Hotels arbeitete nicht gut zusammen. Anstatt Workshops durchzuführen, in denen beleuchtet wird, was nicht gut läuft und deren Folge möglicherweise wäre, das Management auszutauschen, schlug Cooperrider eine andere Intervention vor. Er schloss das Hotel für eine Woche und quartierte die komplette Belegschaft in einem 5-Sterne-Hotel mit lediglich zwei Aufgaben ein: Nicht über das eigene Hotel nachdenken und alles notieren, was den

Aufenthalt im Hotel angenehm macht. Am Ende präsentierten die Mitarbeitenden dem Hoteldirektor ihre Ergebnisse, der so begeistert war, dass er für diese ein Bankett organisieren ließ. Voller Inspirationen unterhielten sich die Hotelmitarbeitenden auf dem Rückweg darüber, wie sie den Service im eigenen Hotel verändern können. Die Veränderung war sofort spürbar. Innerhalb kürzester Zeit erhielt die Unterkunft den 4-Sterne-Status.

Der Prozess einer AI[3] startet immer mit der Fragestellung, wovon man mehr haben möchte und der Formulierung eines Kernthemas, das untersucht werden soll (Define). Da das direkte Erproben in der Praxis nicht immer möglich ist, haben sich Partnerinterviews etabliert, bei denen gemeinsam erkundet wird, wo es bereits positiv gelebte Beispiele in der Organisation gibt (Discovery). In der Dream-Phase werden

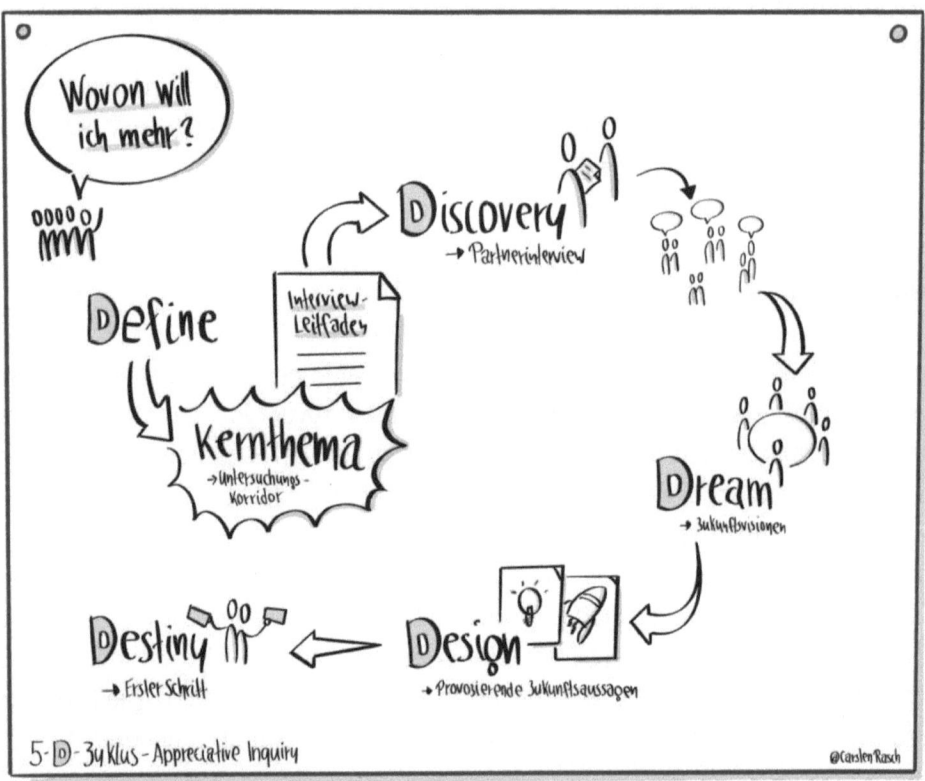

Abbildung 2: 5-D-Zyklus - Appreciative Inquiry (Zeichnung: C. Rasche)

Zukunftsvisionen über die Organisation bei voller Potenzialausschöpfung erzeugt. Die Design-Phase dient dazu, einige Aspekte der Vision auszuwählen und zu konkretisieren. In der letzten Phase (Destiny) werden die ersten konkreten Maßnahmen hin zur Vision vereinbart. Es gibt auch eine Kurzversion der Methode, in der man aus der Discovery- direkt in die Destiny-Phase übergeht.

Der Führungskräftetag

Rund 150 Führungskräfte über fünf Hierarchiestufen, von Vorstandsmitglied bis Teamleiter:in, strömten am Morgen der Veranstaltung in das Foyer der EWE Arena. Das Geschäftsleitungsteam begrüßte und motivierte die Teilnehmenden für den bewusst anders gestalteten Tag. Um eine gemeinsame Basis zu schaffen, folgte ein Vortrag zu den aktuellen Führungsherausforderungen und der Bedeutung von agiler Führung auf Basis des Modells Leadership Agility[4], das eine Antwort darauf hat, welche Art von Führung netzwerkartig aufgebaute Organisationen benötigen.
Inhaltlich abgeholt ging es an die gemeinsame Arbeit. Der erste und gleichzeitig wichtigste Schritt der AI ist die Discovery-Phase in Form eines Partnerinterviews. Zwei Personen erforschen Situationen, in denen sie bereits gute Führung erlebt haben. Der Interviewer bittet sein Gegenüber, dazu eine Geschichte zu erzählen, die er oder sie selbst erlebt hat – ob beruflich oder privat. Der Interviewer hilft dem oder der Geschichtenerzähler:in, die Situation noch einmal zu durchleben. Wie hat es sich damals angefühlt? Was war besonders an der Situation? Anschließend wird gemeinsam identifiziert, ob die Elemente bereits im Führungsalltag gelebt werden (siehe Erläuterung „Interviewleitfaden"). Die ca. 50-minütige Interviewzeit war schnell vorbei. Paare, die bereits fertig waren, blieben beisammen und unterhielten sich intensiv weiter über Führungsthemen. Im nächsten Schritt hat sich jedes Duo mit vier anderen Duos zusammengetan, um sich gegenseitig ihre jeweils kraftvollsten Geschichten zu erzählen. Hieraus wurde wiederum die kraftvollste Geschichte ausgewählt und anschließend in der Gesamtgruppe geteilt. Die rund zehn Geschichten waren jede in sich stark und bildeten ganz unterschiedliche Aspekte von guter Führung ab. Sie reichten von der Führungskraft, die einem Werkstudenten vertraut hat und ihm die komplette Verantwortung für ein Projekt übertragen hat, über die

Entscheidung, dass die Familie in einer schwierigen Situation vorgeht, bis hin dazu, dass Verluste als Motor für Begeisterung dienen können und dass eine Führungskraft ihre Mitarbeitenden die Lorbeeren für den Projekterfolg hat ernten lassen. Das Ziel der Discovery-Phase war damit erreicht: Erkennen, dass gute Führung bereits da ist und es in Zukunft lediglich mehr davon braucht.

Nach einem Mittagssnack kam die Gruppe für die Dream-Phase wieder zusammen und setzte sich im World-Café-Format mit den drei Fragen auseinander: Welche Führungsaspekte haben mich persönlich beeindruckt? Welches positive Feedback gäbe es von Mitarbeitenden, wenn jede Führungskraft diese Aspekte in den Führungsalltag integriert? Und wie würde sich die Zusammenarbeit zwischen den Führungskräften verändern, wenn jede:r diese Elemente lebt? Die Diskussion an rund 30 Tischen mit Papphockern war intensiv. Die Teilnehmenden schrieben ihre Erkenntnisse auf die Papiertischdecken und wechselten, wie im Format des World-Cafés üblich, nach jeder Runde den Tisch. So entstanden viele neue Verbindungen.

Nach Beantwortung der letzten Frage sollte jeder Tisch in der Design-Phase eine Zukunftsthese formulieren und auf einer Karte festhalten: Wie wollen wir morgen führen und wie bringen wir noch mehr gute Führung in unseren Alltag? Jeder der dreißig Tische hatte nach kürzester Zeit eine ansprechende These, die vor der Gesamtgruppe geteilt wurde. „Wir nehmen uns Zeit für den Menschen" und „Wir fördern Teamentscheidungen" waren für mehrere Gruppen die zentralen Kerngedanken.

In der folgenden Kaffeepause wurden die Thesen inhaltlich gruppiert und auf Metaplanwände gehängt. Inhaltliche Cluster waren beispielsweise „sich Zeit nehmen" oder „Gemeinsam entscheiden ohne Hierarchie". Frisch gestärkt erhielt jeder Teilnehmende für die Destiny-Phase eine Karte mit dem Titel „Mein erster Schritt". Mit den Thesenwänden als Inspiration sollte jede:r seine eigene persönliche Zukunftsthese und die ersten konkreten Schritte dahin notieren. Anschließend hatten die Teilnehmenden auf freiwilliger Basis die Möglichkeit, sich mit anderen Führungskräften auszutauschen und die ersten Schritte via Mentimeter zu teilen – ein interaktives Tool, das Raum für Austausch bietet. Die Lautstärke stieg bei dieser Aufgabe wieder an. Im gesamten Raum unterhielten sich kleinere bis größere Gruppen über das, was sie ab morgen anders machen wollten. Die Entwicklung im

Laufe des Tages war sehr dynamisch: Morgens war noch eine große Aufregung unter den Teilnehmenden zu spüren, auch wollten viele nebenher noch das Daily Business regeln. Ab der Mittagszeit stand das große Führungsthema im Mittelpunkt und das Daily Doing rückte zunehmend in den Hintergrund. Am Nachmittag tauchten alle Führungskräfte tief in den Prozess ein. Jede:r ließ sich vollkommen darauf ein und es waren keinerlei Widerstände wahrnehmbar. Jede:r konnte die Themen einbringen, die ihm oder ihr wichtig waren und unterschiedliche Perspektiven führten zu vielen Aha-Momenten.

Den Abschluss des Tages bildete ein großer Stuhlkreis. Gemeinsam lauschten die Teilnehmenden dem Erfahrungsbericht eines Geschäftsführers eines großen Industriekonzerns, der über seinen persönlichen Entwicklungsweg als Führungskraft und den der Führungsmannschaft mitsamt aller Höhen und Tiefen berichtete.

Nach dem Vortrag und einigen Rückfragen beantworteten einige der Teilnehmenden die Frage „Was war das Wertvollste, was am heutigen Tag passiert ist?" Rund Zweidrittel der Teilnehmenden wollten sich dazu äußern.

Erläuterung – das Interview

Wir wollen uns den immer komplexer werdenden Herausforderungen stellen, indem wir uns besser vernetzen sowie crossfunktionaler und hierarchieübergreifender zusammenarbeiten. Was bedeutet das für unsere Führungsaufgabe? Dem wollen wir uns nähern und dabei auf unsere vorhandenen Stärken und Potenziale schauen.

1. Beschreibe eine Begebenheit oder Situation, in der du gute Führung für dich erlebt hast. Führung, die dich vielleicht inspiriert oder begeistert hat, die dich in deiner Entwicklung unterstützt hat oder ermöglichend war. Mich interessieren besonders positive Erlebnisse.
   - Was ist genau geschehen?
   - Was hat die Situation besonders und für dich so positiv gemacht?
   - Welche deiner Erwartungen und Bedürfnisse an Führung wurden erfüllt?
2. Lebst du selbst Elemente, die du gerade eben beschrieben hast, in deiner eigenen Führungsrolle?

3. Fallen dir darüber hinaus noch weitere Führungsaspekte, wie beispielsweise Fähigkeiten, Kompetenzen oder Aufgaben ein, die uns auf dem Weg zur besseren Zusammenarbeit noch helfen können?

Fasse als Interviewer nach dem Gespräch das Wesentliche des Gehörten kurz zusammen.
Was habe ich verstanden? Was habe ich gehört? Was ist aus meiner Sicht die Quintessenz daraus? Danach gleiche dich kurz mit deinem Gesprächspartner ab: Passt das für dich?
Nach dem zweiten Gespräch entscheidet euch, welche Geschichte ihr im weiteren Vorgehen teilen möchtet.

Es ist etwas in Bewegung gekommen

Die Resonanz auf den Großgruppenworkshop war durchweg positiv. So haben die Teilnehmenden nicht nur direkt die Wirkung von team- und hierarchieübergreifender Zusammenarbeit erfahren, sondern zugleich den Unterschied im potenzialorientierten Ansatz mit Appreciative Inquiry gespürt.

Damit diese Energie nicht verpufft und die Ergebnisse auch in den Alltag übersetzt werden, entstand der FührungsFREIRAUM. Das Bar-Camp-Format bietet allen Interessierten, die auch am Workshop teilgenommen haben, einen fortlaufenden Austausch rund um das Thema „Führung" sowie eine Plattform, auf der gemeinsame Initiativen entstehen können. Ziel ist die Stärkung des kollegialen Austausches für mehr Hilfe zur Selbsthilfe, und damit die Förderung einer echten Community.

Zugleich wird Appreciative Inquiry mittlerweile auch in anderen Führungskräfte- und Teamworkshops eingesetzt und zahlt damit weiter auf eine neue, wertschätzende Art der Zusammenarbeit ein.[5]

Initiieren Sie den Dialog selbst

Die Methode eignet sich hervorragend, um Veränderungsprozesse einmal anders zu starten. Wenn Sie AI selbst nutzen möchten, empfehlen wir Ihnen Folgendes:

- Eine heterogene Vorbereitungsgruppe, die den Prozess organsiert
- Freiwilligkeit bei der Teilnahme und eine Einladung, die zur Teilnahme motiviert
- Ein stringenter Zeitplan und Material mit Arbeitsanweisungen
- Dokumentation des Workshops (bspw. Graphic Recording)
- Zwei Moderator:innen und ein gutes Organisations-Team im Hintergrund
- Vertrauen in den Prozess und in die Grundannahme: Worauf ich meine Aufmerksamkeit richte, davon bekomme ich mehr
- Eigenverantwortlichkeit und Lösungskompetenz der Teilnehmenden zulassen und fördern – keine vordefinierten Moderator:innen aus dem Organisations-Team für Kleingruppenarbeit, die ggf. bestimmte, zu subjektiv empfundene Ziele verfolgen.

Carsten Rasche ist Senior Management Consultant bei der Beratung borisgloger consulting. Er begleitet Unternehmen und Führungsteams bei agilen Transformationen. Den Arbeitspsychologen fasziniert, wie sich die konsequente Ausrichtung an den Bedürfnissen der Kunden auf die interne Organisation eines Unternehmens auswirkt. Im Zuge von Transformationsprojekten liegt seine Expertise in der Entwicklung und Einführung von maßgeschneiderten Skalierungslösungen und dem Coaching von Führungsteams. Er ist Autor des Buchs „Agile Transformation: Der Praxisguide zum Change abseits des Happy Path" und hat die Initiative Scrum4Schools aufgebaut, welche die Anwendung von Scrum in Bildungseinrichtungen unterstützt.

Verena Voßmann ist Referentin für Organisations-Entwicklung bei der EWE TEL GmbH, einer Tochtergesellschaft der EWE AG. In dieser Funktion unterstützt die Betriebswirtin und Diplom-Kauffrau Entwicklungs- und Veränderungsprozesse im Unternehmen.

[1] Matthias zur Bonsen, & Carole Maleh (2012). Appreciative Inquiry (AI): Der Weg zu Spitzenleistungen: Eine Einführung für Anwender, Entscheider und Berater, Beltz

[2] David L. Cooperrider & Diana Whitney (2005). Appreciative Inquiry: A Positive Revolution in Change. Berrett-Koehler Publishers

[3] Holger Scholz & Roswitha Vesper. Lernlandkarte 3 Appreciative Inquiry. Neuland/Kommunikationslotsen

[4] Leadership Agility: Five Levels of Mastery for Anticipating and Initiating Change by Joiner, Bill

[5] Eine ausführliche Verwendung der AI-Methode im Führungskontext findet sich in Gloger & Rösner (2017). Selbstorganisation braucht Führung: Die einfachen Geheimnisse agilen Managements. Carl Hanser Verlag

Wieviel Agilität darf es sein?
Zwischen starren Strukturen und agilen Kulturen

Das Scheitern agiler Transformationen

Agile Transformationen scheitern. Nicht alle und nicht immer, aber in den meisten Fällen werden nicht die Ergebnisse erzielt, die man sich ursprünglich davon versprochen hat. Wir könnten natürlich jetzt auf Studien oder Umfragen schauen und wissenschaftliche Belege für meine Aussage suchen. Stattdessen stelle ich dir die Frage: Wer ist eigentlich „man", wenn wir von den Zielen einer agilen Transformation sprechen? Meiner Erfahrung nach gibt es in Unternehmen viele Personen, die ganz unterschiedliche Dinge mit dem Begriff „Agilität" verbinden. Beispielsweise könnte eine Geschäftsführerin den Mehrwert für das Gesamtunternehmen verinnerlicht haben, mit Agilität mehr Geld zu verdienen. Eine Middle-Managerin könnte einen Bereichsblick einnehmen und in Agilität eine Bedrohung für die Produktivitätsziele ihres Bereiches sehen. Ein Entwickler könnte aus der Projektsicht heraus die Möglichkeit ergreifen und in eine Haltung verfallen, nach der er mit Agilität nun endlich

Abbildung 3: Abbildung 3: Puzzleteile, die nicht passen (Quelle: Pixabay)

tun und lassen kann, was er möchte. Ein Agile Coach wiederum könnte sich auf die Methodensicht verlassen und unter Agilität ein in der Kultur vollständig gewandeltes Unternehmen verstehen. Natürlich gibt es noch viele weitere Sichten, die alle unter dem scheinbar gleichen Begriff „Agilität" ganz unterschiedliche Dinge verstehen.

Beginnt man nun eine „agile Transformation", so ist das Ergebnis für die meisten Beteiligten unbefriedigend, weil sie eine abweichende Erwartungshaltung hatten. Auch in der Umsetzung gibt es ständig Abweichungen und Konflikte. Wie bei einem Puzzle, das zusammengerollt wird, passen einige Teile nicht zusammen, das Gesamtbild bleibt unklar und an einigen Stellen klaffen große Löcher. Ziel muss es daher für alle Beteiligten einer agilen Transformation sein, ein gemeinsames Gesamtbild zu teilen.

Typische Muster agiler Transformationen

Bevor wir ein gemeinsames Bild agiler Transformationen schaffen, ist es hilfreich, den typischen Lebenszyklus agiler Transformationen zu betrachten. Dabei gehe ich von

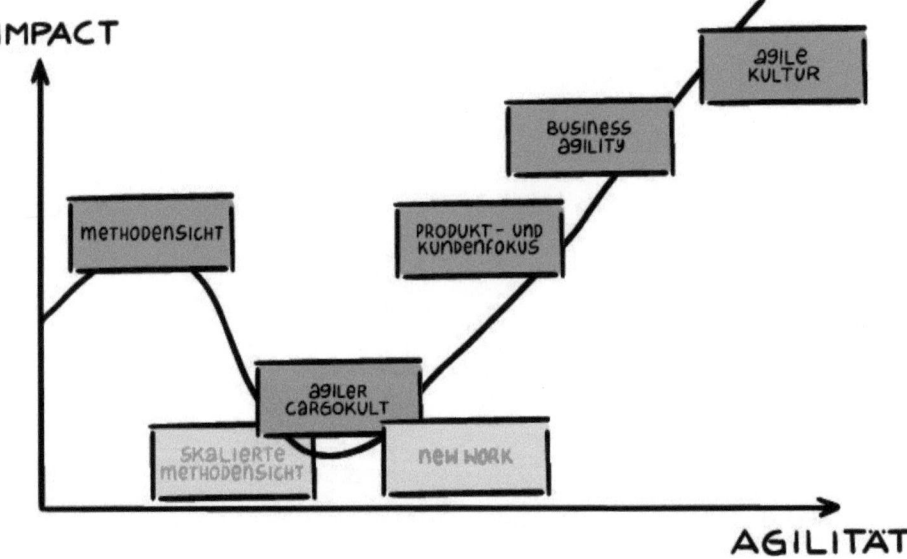

Abbildung 4: Typische Muster agiler Transformationen (Zeichnung: J. Pilster)

keinem wissenschaftlichen Modell aus, sondern teile meine persönliche Erfahrung aus mehr als 14 Jahren Transformationsbegleitung.

In aller Regel beginnen Unternehmen damit, Agilität aus der Methodensicht zu betrachten. Es werden Methodenschulungen, z.B. zu Scrum, durchgeführt und in Projekten werden diese Methoden dann angewendet. Häufig trifft man dann auch auf Audits, mit denen die Unternehmen als Qualitätsmaßnahme die Methodentreue überprüfen. Die durch die Methoden gewonnen Leistungszuwächse führen zu einem Vertrauen in agile Methoden, oft gefolgt von dem Impuls, „mehr" davon zu machen. Die Unternehmen beginnen dann, die Methoden zu skalieren – ohne allerdings zu verstehen, was warum gut funktioniert. Das führt zu einer blinden Übernahme von Konzepten, die dann schlechtere Ergebnisse bringen als die unskalierte Methodensicht. Außerdem schwirren bei dieser zweiten Stufe viele Fachbegriffe durch den Raum, z.B. auch „New Work", ohne dass die Diskussionspartner sich jemals die Mühe gemacht hätten zu verstehen, was hinter diesen Konzepten steckt. So entstehen dann bunte Großraumbüros, in denen niemand jemals die Frage gestellt hat, was du wirklich, wirklich tun möchtest (diese Frage ist übrigens der Kern von New Work). Ich bezeichne diese Stufe als „Cargo-Cult" (nach dem Vorbild aus Melanesien; siehe Wikipedia), weil Formen der „Anbetung" praktiziert werden, durch die man erwartet, Wunder zu erfahren. Da die Wirkmechanismen nicht verstanden sind und die zugrundeliegende Haltung unverändert bleibt, sinkt die Leistung signifikant.

Schafft es das Unternehmen, diesem Kult zu entfliehen, so wendet es sich meistens konsequent den Kunden und Produkten zu. Dieser hohe Fokus bringt nun wieder spürbare Produktivitätszuwächse, zufriedenere Kunden und Mitarbeiter. Skalierung beginnt zu funktionieren, da die Ausgangsprämissen sich verändert haben. Die Agilität beschränkt sich allerdings auf die für die Lieferung relevanten Einheiten, also meist den Entwicklungsbereich und das Produktmanagement.

Erst wenn Vorteile für das Gesamtunternehmen gesehen werden, erfolgt der Schwenk zur „Business Agility". Darunter verstehe ich die Fähigkeit jedes Bereiches des Unternehmens, inklusive der Geschäftsführung, agil zu denken und zu handeln sowie die konsequente Ausrichtung des Unternehmens auf Wert für die Kunden und Mitarbeiter. Auf dieser Stufe sind die Produktivitätszuwächse meist erheblich.

Gleichzeitig ist es aber noch erforderlich, sich immer wieder auf die agilen Prinzipien zu besinnen. Dies erfordert eine bewusste mentale Anstrengung.

Dieser bewusste mentale Akt entfällt erst, wenn Agilität in die Kultur übergegangen ist. Hier denkt niemand mehr darüber nach, wie etwas zu tun ist – man macht es einfach. Es kann auch kaum jemand benennen, dass man „agil" arbeitet oder welche Methoden eingesetzt werden. Stattdessen hört man bei entsprechenden Fragen die Antwort: „Bei uns machen wir das halt so."

Verschiedene Formen der Operationalisierung von Agilität

Dieses Muster agiler Transformationen stellt einen Lernvorgang der Beteiligten dar. Mit Ausnahme des „Cargo-Cult"-Schrittes müssen alle durchlaufen werden, wobei die Geschwindigkeit stark variieren kann. Gleichzeitig verändert sich die Operationalisierung im Unternehmen ständig. Die Organisation ist daher ständig „in-between", also zwischen verschiedenen Interessen und Operationalisierungsoptionen. Auch ist es möglich, wieder auf eine frühere Stufe zurückzugehen, wenn sich das Unternehmen dafür entscheidet. Mehr dazu findest du in Maximini (April 2018).

Projektagilität

Zu Beginn der agilen Transformation begnügen sich die Unternehmen meistens damit, einzelne Projekte agil durchzuführen. Es wird keine eigene Organisation dafür kreiert, sondern die agilen Projekte werden in den normalen Prozess eingebettet. Nach dem Ende der Projekte werden die Projektmitarbeiter in aller Regel wieder zurück in ihre Abteilungen geschickt und auf das nächste Projekt vorbereitet, das nicht unbedingt agil abgewickelt wird. Der Vorteil für das Unternehmen ist, dass es erste Experimente mit agilen Methoden durchführen kann, ohne dabei die Funktionsweise des Gesamtunternehmens zu verändern. Der Nachteil ist, dass erworbenes Wissen nicht verfügbar bleibt, sondern quer durch die Organisation verstreut und mit der Zeit wieder vergessen wird.

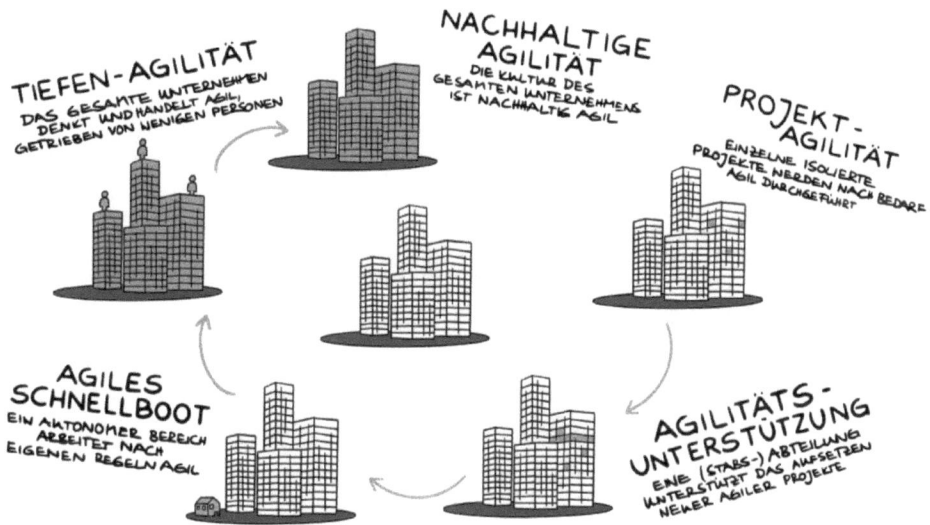

Abbildung 5: Verschiedene Formen der Operationalisierung von Agilität (Quelle: nach Maximini (April 2018); Zeichnung: J. Pilster)

Agilitäts-Unterstützung

Erkennt die Organisation diesen Wissensverlust als Problem, wird meistens eine virtuelle (weil nicht selbstständige) Organisationseinheit ins Leben gerufen oder eine bestehende genutzt. Früher bekannt als „Project Management Office" wird hier Wissen und Kompetenz, manchmal auch Personal, zentral vorgehalten. Heute findet man andere Namen dafür, beliebt ist derzeit „Agile Transformation Office". Startet nun ein agiles Projekt, so wird aus der virtuellen Organisationseinheit tatkräftig unterstützt. Mit der Zeit entwickelt sich hier ein Wissensschatz für das Unternehmen, gestützt durch Statistiken zu Erfolgsfaktoren agiler Projekte. Problematisch ist allerdings, dass im Unternehmen nach wie vor die Projektsicht vorherrscht und sich die virtuelle Organisationseinheit in einer Sandwich-Position befindet: Die agilen Projekte wollen „agiler" arbeiten und „mehr Produkt", während der Rest der Organisation „Prozesse einhalten" und „mehr Projekt" möchte. Unter diesem Druck ist es leicht den Fokus zu verlieren und agile Methoden oder Skalierungsansätze einzuführen, ohne diese wirklich durchdrungen zu haben.

Agiles Schnellboot

Kommt das Unternehmen an den Punkt, an dem es versteht, dass wirkliche Produktivitätsschübe nur mit einer starken Produkt- und Kundensicht möglich sind, muss es die Entscheidung treffen dies in einer eigenen selbstständigen Einheit oder für das Gesamtunternehmen umzusetzen. Viele Unternehmen entscheiden sich für den Schnellboot-Ansatz, also der Gründung einer (oft auch rechtlich) selbstständigen Einheit, die autark und autonom agil arbeiten kann. Sie ist dafür nicht mehr auf Zulieferungen aus dem Mutterunternehmen angewiesen und muss auch die dortigen Prozesse nicht befolgen. Aus Gesamtunternehmenssicht gibt es nun also zwei Arbeitsmodelle: Die klassische nicht-agile Projektfokussierung im Mutterunternehmen und die agile Produktfokussierung im „Schnellboot". Erreicht ein Produkt aus dem Schnellboot einen signifikanten Umfang, kann darüber nachgedacht werden, das Produkt wieder in die klassische Welt zu übernehmen und mit dem Schnellboot die nächste Innovation zu verfolgen.

Eine solche selbstständige Einheit kann erhebliche Innovationsschübe erlauben und durch und durch agil werden. Hiervon profitiert das Mutterunternehmen erheblich – insbesondere dann, wenn es später auch sich selbst agiler aufstellen möchte. Das größte Risiko ist dabei der Drang des Mutterunternehmens, dem Schnellboot die eigenen Regeln und Prozesse überzustülpen. Dadurch wird das Schnellboot aber am Tanker fest vertäut und verliert massiv an Geschwindigkeit. Ein Schnellboot bleibt nur dann schneller als ein Tanker, wenn es frei übers Wasser flitzen kann.

Tiefen-Agilität

Entscheidet sich ein Unternehmen dazu, sich insgesamt agil aufzustellen, dann bedeutet das nicht, dass jede Abteilung „Scrum" oder eine andere bestimmte Methode umsetzen muss. Allerdings müssen alle das Thema „Agilität" verstanden haben. Auch sind alle Prozesse und die Aufbauorganisation selbst auf Produkte und ihren Nutzen für die Kunden ausgerichtet. Kontinuierliche Verbesserung und die Arbeit in kurzen Zyklen sind der Normalzustand für alle Teams und Abteilungen bis hin zur Geschäftsführung. Auf diese Weise kann das Gesamtunternehmen erheblich an Innovationskraft und Produktivität gewinnen. Nachteilig sind der hohe Aufwand für die Transformation und der Umstand, dass der Erfolg der Veränderung über viele

Jahre an einigen wenigen Personen hängt. Stehen diese Schlüsselspieler irgendwann nicht mehr zur Verfügung, fällt das gesamte Unternehmen zurück in einen der früheren Zustände. Ursächlich dafür ist, dass Agilität noch nicht Teil der Kultur geworden ist und die Arbeit in agilen Mustern für die Beteiligten noch neu und damit anstrengend ist.

Nachhaltige Agilität

Schafft es ein Unternehmen Agilität zum Teil der eigenen Kultur zu machen, ist die agile Arbeit für alle Beteiligten völlig normal und nicht mehr aus dem Alltag wegzudenken. Sie erfordert keine bewusste Denk- oder Kraftanstrengung mehr. Auch die kulturstiftenden Prozesse, allen voran die Belohnungs- und Bestrafungssysteme des Unternehmens sind dann entsprechend angepasst.

Muster agiler Transformationen im Kontext der Operationalisierung

Wenn wir nun die zuvor kennengelernten Muster agiler Transformation über die fünf Möglichkeiten der Operationalisierung legen, fallen die Parallelen sofort ins Auge.

„Projektagilität" nimmt die reine Methodensicht ein. Diese herrscht auch bei der „virtuellen Organisationseinheit" vor, wobei hier auch der „Cargo-Cult" zuschlagen kann. Mit zunehmender Erfahrung in der virtuellen Organisationseinheit („Agilitäts-Unterstützung") beginnt man meist, einen starken Produkt- und Kundenfokus einzunehmen. Dieser bleibt auch im „Schnellboot" und bei der „Tiefen-Agilität" dominant. „Business Agility" wiederum gibt es bei der Schnellboot-Variante nur im Schnellboot selbst und nicht im Mutterunternehmen. Dies ändert sich erst bei der Gesamtunternehmenstransformation, der „nachhaltigen Agilität". Die agile Kultur ist in beiden Modellen deckungsgleich.

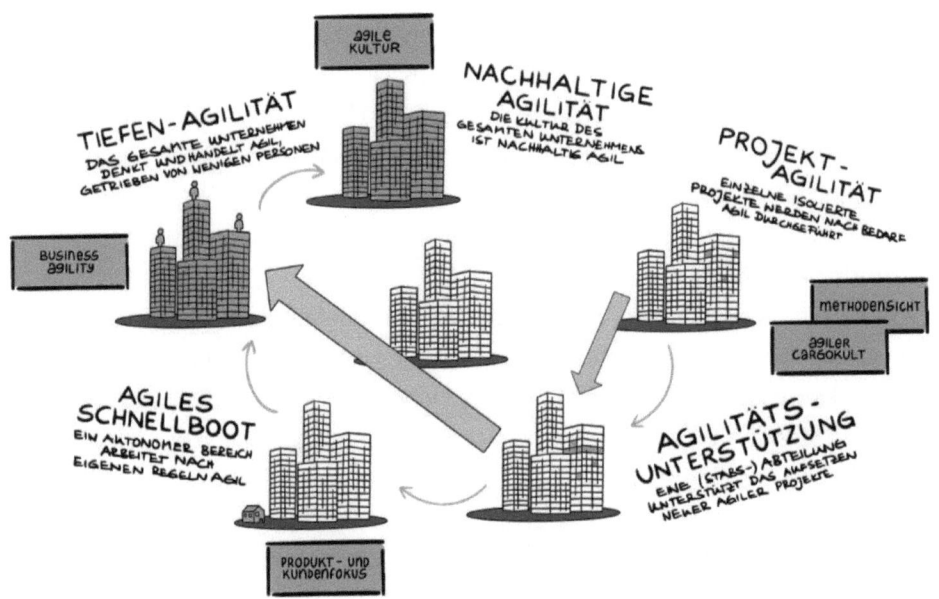

Abbildung 6: Muster von agilen Transformationen im Kontext der Operationalisierung (Zeichnung: J. Pilster)

Beispiel aus der Praxis

Zum besseren Verständnis dieser Zusammenhänge betrachten wir ein Beispiel aus dem Consulting-Bereich. Dort wurden verschiedene Varianten durchlaufen. Mehr Details hierzu wurden in Maximini (August 2018) veröffentlicht.

Die Transformation beginnt

2011 begann das Unternehmen mit den ersten Gehversuchen im Bereich der Agilität. Es hatte damals ca. 100 Mitarbeiter und vermietete Softwareentwickler an Kunden. Von diesen 100 Mitarbeitern waren zwei als „Agile Coach" in Projekten eingesetzt. Das Unternehmen hatte noch kein Bewusstsein für Agilität und somit gab es keine Priorität für eine agile Transformation. Für die Mitarbeiter war es essenziell, sich an die etablierten Unternehmensprozesse zu halten und Geld in Projekten zu verdienen.

Da das Bewusstsein für Agilität fehlte, waren auch die gelebten Unternehmensprozesse nicht agil. Allerdings konnten einige Kundenprojekte mit agilen Vorgehensweisen wie Scrum und Kanban umgesetzt werden, so wurden erste Erfahrungen gesammelt.

Es wurde also „Projekt-Agilität" mit einem Methodenfokus gelebt. Konkret bedeutete das für die beiden Agile Coaches, dass sie in verschiedenen Kundenprojekten in agilen Rollen eingesetzt waren und parallel kleine Schulungsprodukte entwickelten. Innerhalb des eigenen Teams wurden auch die Unternehmensprozesse diskutiert, diese wurden aber zunächst nicht verändert. Wegen des Erfolgs im Kundenprojekt und der steigenden Nachfrage im Markt wurden weitere Mitarbeiter intern in den agilen Bereich verschoben und zu Agile Coaches ausgebildet. Eingerahmt durch die nicht-agilen Prozesse fehlte den Agile Coaches die Freiheit, Agilität wirklich leben zu können. Das führte dazu, dass sie versuchten, aus dem gefühlten Korsett auszubrechen. Mit viel Engagement und Motivation insbesondere außerhalb der Regelarbeitszeit war es ihnen trotzdem möglich erste Veränderungen herbeizuführen.

Der Weg zur virtuellen Organisation

Im Verlauf der folgenden vier Jahre wurden große Erfolge in Kundenprojekten erzielt und das Interesse des Unternehmens an agilen Methoden wuchs auf allen Ebenen. Gleichzeitig forderten immer mehr Kunden eine agile Vorgehensweise für ihre Projekte ein. Das Team der agilen Coaches war mittlerweile mehr als doppelt so groß und die Anlaufstelle für alle Kollegen, die Fragen zu Agilität hatten. Nicht nur externe, sondern auch interne Projekte wurden von der so entstandenen virtuellen Organisation begleitet. Es handelte sich um eine Agilitäts-Unterstützung mit einem gewissen Handlungsspielraum und einem großen Methodenfokus.

Das interne Ansehen und der Erfolg bei Kunden verschafften dem agilen Bereich neue Freiräume. So konnten Experimente jetzt auch innerhalb der regulären Arbeitszeit umgesetzt werden. Die Mitarbeiter begannen viele ihrer Ideen auszuprobieren. Die erfolgreichsten davon stellten sie auch anderen Abteilungen vor und erzielten so eine Wirkung ins Unternehmen hinein. So wurde beispielsweise die Leistungsbewertung umgestellt und kollaborativer angegangen als im zuvor üblichen Jahresendgespräch. Auch wurden „Delegation Boards" eingeführt, die dazu dienten Entscheidungsmacht an die Teammitglieder abzugeben. Diese und viele andere kleine Veränderungen führten dazu, dass die Mitarbeiter sich wertgeschätzt und wirksam empfanden.

Gesteigerte Motivation und Produktivität waren die Folge. Die Kollegen wuchsen sehr eng zusammen und forderten sich gegenseitig zu Höchstleistungen heraus. Steigende Fachkompetenz der Personen, mehr Projekte und höhere Tagessätze waren die Folge. Dabei blieb nur wenig Managementaufwand für den Vorgesetzten übrig, da viele Aufgaben wie z.B. Urlaubsgenehmigung und Fortbildungsplanung an das Team delegiert wurden.

Autonomie der agilen Organisation

Es vergingen erneut mehrere Jahre. Das Team der agilen Coaches wuchs weiter und die Ergebnisse verbesserten sich über die Zeit erheblich. Die Wirkung des agilen Bereichs vergrößerte sich über die Grenzen der Kundenprojekte hinaus und erfasste in zunehmendem Maße auch das restliche Unternehmen. Standardprozesse wie Entscheidungsfindung und Leistungsbeurteilung wurden komplett neu gedacht und in mehreren Bereichen neu gelebt – die agile Transformation war in vollem Gange. Die Mitarbeiterzufriedenheit wurde im Gesamtunternehmen gemessen und mit agilen Prinzipien der kontinuierlichen Verbesserung durch die Betroffenen selbst mehr als verdoppelt. Die finanziellen Erfolge des agilen Bereiches waren so groß, dass ihm die Autonomie zugestanden wurde, komplett eigenständig budgetrelevante Entscheidungen zu treffen. So konnten selbstständig Gehälter definiert, Mitarbeiter eingestellt und Fortbildungsmaßnahmen ausgewählt werden. Auch die Entwicklung neuer Beratungsprodukte und Schulungen erfolgte komplett in Eigenregie. Dabei waren alle Tätigkeiten auf Kunden und Produkte sowie die Mitarbeiter ausgerichtet. Es handelte sich nun um ein sehr erfolgreiches agiles Schnellboot ohne rechtliche Selbstständigkeit, das aber ansonsten weitestgehend autonom arbeiten konnte.

Für die Mitarbeiter dieses Bereiches war dies eine sehr bereichernde Zeit. Gerade auch Misserfolge führten zu persönlichem Wachstum. Beispielsweise war das Team zunächst nicht in der Lage, unpassenden Mitarbeitern im Bewerbungsgespräch abzusagen, oder die Probezeit dazu zu nutzen, eine falsche Einstellungsentscheidung zu korrigieren. Erst die Erfahrung der daraus entstandenen Konflikte im Team und des schmerzhaften Prozesses einer Trennung außerhalb der Probezeit lehrten das Team, nein zu sagen. Die Erfahrung der eigenen Grenzen führte außerdem dazu, unterschiedliche Fähigkeiten noch stärker wertzuschätzen. Immer häufiger arbeiteten die Kollegen auf der Grundlage von Werten und Haltungen miteinander, statt sich auf Methoden und Rollen zurückzuziehen. Der gemeinsame Erfolg und die Nähe zueinander führten einerseits zu großem wirtschaftlichen Erfolg und einer hohen Motivation. Andererseits wurde es schwierig Maßnahmen zu treffen, die gefühlt „gegen" das Team waren, z.B. die Aufteilung in kleinere Teams als die Gruppe auf 12 Personen angewachsen war. Auch hier musste das Team erst lernen, dass Macht mit Verantwortung einher geht und manche Entscheidungen richtig sind, auch wenn sie sich für den Einzelnen unbequem anfühlen. In Summe war die Stimmung im Team getragen von einem Gefühl der Wirksamkeit, der Sinnhaftigkeit und der Wertschätzung.

Ein Schritt zurück

2019 hatte das Unternehmen ca. 200 Mitarbeiter. Davon waren 15 agile Coaches, aufgeteilt auf drei Teams. Die Wirkung dieses Bereiches ins Mutterunternehmen hinein wurde immer deutlicher und weitreichender. Immer mehr Bereiche arbeiteten in zunehmendem Maße selbstorganisiert und strukturierten ihre Geschäftsmodelle um. Auch einige der mittleren Führungskräfte begannen, Elemente der Selbstorganisation für ihre Kooperation umzusetzen.

Unsere Hypothese: Aufgrund eines fehlenden Verständnisses für den Mehrwert von agiler Führung und einer gefühlten Unsicherheit, die mit den Veränderungen einherging, kam es gleichzeitig zu Gegenströmungen im Unternehmen. Der Tanker begann damit, das Schnellboot zurückzuholen. Beispielsweise gab es Bestrebungen, für die Aufteilung von Mitarbeitern auf Projekte direkt über die in Frage kommenden Mitarbeiter zu verfügen, statt diesen ein Mitspracherecht einzuräumen. Auch wurden neue Freigabeprozesse eingeführt, um neue Experimente zu starten, was wiederum den Drang Prozesse zu verbessern bremste. Die Innovationshäufigkeit ging zurück. Einige der Schlüsselspieler verließen das Unternehmen. Weitere Kontrollprozesse wurden etabliert. Auch die Auswahl von neuen Kollegen und Entscheidungsmacht wurden so geregelt, dass das Mitspracherecht der Mitarbeiter kaum noch vorhanden war. Das wiederum generierte eine große Unzufriedenheit im Team, getragen von einem Gefühl der Machtlosigkeit, des fehlenden Sinns der eigenen Arbeit und der mangelnden Wertschätzung. Die Agile Coaches fokussierten sich auf ihre

Kundenprojekte und verließen nach und nach das Unternehmen. Ein Jahr später waren von den 15 agilen Coaches nur noch vier im Unternehmen verblieben. Neues Personal wurde eingestellt und so ausgewählt, dass es mit den nun dominierenden Vorstellungen im Unternehmen harmonierte. Wichtiges Knowhow war verloren gegangen, so dass andere Unternehmensbereiche anfingen, sich eigene Wissensträger auszubilden oder einzustellen. Die „Agilen" waren nicht mehr die erste Anlaufstelle für Fragen zu agiler Unterstützung.

Statt der angestrebten auf Methoden fokussierten virtuellen Organisation fiel das Unternehmen zurück auf den Stand von 2011, also ein nicht-agiles Unternehmen mit einigen Projekten, die mit agilen Methoden durchgeführt wurden. Ob es in Zukunft eine neue Reise hin zu einem neuen Schnellboot oder einer Gesamtunternehmens-Transformation geben wird, ist noch nicht absehbar.

Fazit

Grundvoraussetzung für den Erfolg agiler Transformationen ist, dass alle Beteiligten gemeinsam definieren, was sie unter „Agilität" verstehen. Das vorgestellte Modell zur Operationalisierung von Agilität kann dabei helfen, verschiedene Vorstellungen zu formulieren und zu synchronisieren. Dazu müssen alle Beteiligten ihre individuellen Ziele und Bedürfnisse kennen und mit den übrigen Betroffenen teilen. Denn nur so entsteht ein gemeinsames Bild, auf das man hinarbeiten kann, ohne in ungewollte Konflikte zu rutschen. Methodendogmatismus ist dabei fehl am Platz. Agilität ist kein Selbstzweck, sondern wirkt nur dann, wenn sie die Unternehmensziele unterstützt. Es ist für Unternehmen auch legitim, einen in Richtung Agilität erzielten Fortschritt wieder zurückzunehmen. Dann ist allerdings zu beachten, dass sich die Belegschaft neu bilden wird und sich die betriebswirtschaftlichen Erfolgskennzahlen verändern werden. Durchdenke solche Entscheidungen gründlich und hole dir Unterstützung von Menschen, die das bereits mehrmals durchlebt haben. Andernfalls riskierst du ein unkontrolliertes Auseinanderbrechen deines Unternehmens, wie in unserem Beispiel.

Dominik Maximini ist eine erfahrene Führungskraft, Agile Coach, Trainer und Autor. Früher hat er zunächst ein agiles Start-Up gegründet und danach als Führungskraft bei einem Beratungsunternehmen gearbeitet. Heute hat er alle Unternehmens-Fesseln abgestreift und fokussiert sich als Entrepreneur darauf, echte Agilität zu fördern und Projekte zu vermeiden, bei denen es nur darum geht, den Status Quo mit neuen Etiketten zu verzieren. Er steht für Agilität, Exzellenz und Wertsteigerung der Produkte und Organisationen seiner Kunden.

▪ Maximini, D. (April 2018). The Scrum Culture: Introducing Agile Methods in Organizations (2. Edition). Springer.
▪ Maximini, D. (August 2018). Agile Leadership in Practice: Applying Management 3.0 (1. Edition). Books on Demand.
▪ Wikipedia. (2020). Cargo-Kult. Wikipedia. 22.06.2021. https://de.wikipedia.org/wiki/Cargo-Kult

Führung in die Resilienz

Vor 11 Jahren bin ich als erste Mitarbeiterin bei borisgloger consulting an Bord gegangen – und seitdem, gemeinsam mit den Kolleg:innen, auf einer stetigen Lernreise. Wir sind ein Beratungsunternehmen für agiles Changemanagement, das selbst nach agilen Prinzipien agiert und mittlerweile auf über 70 Mitarbeiter:innen angewachsen. Von einer modernen Arbeitswelt, in der jede:r selbstwirksam sein kann, sind wir zutiefst überzeugt. Dazu gehört für uns auch, ganz nach dem Motto „Eat your own dogfood" zu agieren und alle Methoden, Tools und Prinzipien erst einmal bei uns selbst im Unternehmen zu verproben. Das ist manchmal herausfordernd, manchmal anstrengend, aber immer erleuchtend. Und es bedeutet konkret: Die Mitarbeitenden entscheiden unter Berücksichtigung sehr weniger Rahmenbedingungen selbst.

Aber was passiert mit der Eigenverantwortung und Selbstorganisation, wenn plötzlich die Existenz auf dem Spiel steht? borisgloger consulting war zwar mit Start der Pandemie nicht unmittelbar gefährdet – doch die Unsicherheit zunächst groß. Werden unsere Kunden bleiben? Wie können wir sie bestmöglich unterstützen? Welche neuen Herausforderungen kommen auf sie zu? Fragen, die wir in den ersten Tagen der Pandemie nicht oder nur bruchstückhaft beantworten konnten. Dennoch sind wir nicht in eine Command-and-Control-Mentalität zurückgefallen. Im Gegenteil: Das vergangene Jahr zeigte, dass die Führungskultur sowie unsere agilen Prozesse und Strukturen resilient waren und die Firma durch die Krise sogar gestärkt wurde. So haben wir seit März 2020:

- 23 neue Kolleg:innen eingestellt
- unsere internen Prozesse verschlankt
- das Vertrauen in die Führung und umgekehrt in die Kolleg:innen erhöht
- weiterhin transparent und partizipativ über Gehälter im Rahmen unserer Gehaltsgilde gesprochen (hier entscheiden die Mitarbeitenden selbst über Gehaltserhöhungen und Level-Sprünge – z. B. von Junior Consultant zu Management Consultant)
- neue Produkte erstellt
- neue Kunden gewonnen und Bestandskunden behalten

Warum kommen wir vergleichsweise gut durch diese Krise? Die Reflexion dieser Frage führt mich zu einem großen Erfolgsfaktor: Wir bleiben unseren Prinzipien treu. 99 Prozent der Handlungen unserer gesamten Belegschaft beruhen auf einem Rahmenwerk, das allen bekannt ist.

Abbildung 7: Die Prinzipien bei bg

Konkrete Erfolgsfaktoren in der Krise

1) Kontakt halten

Wir waren schon vor der Krise in einer Netzwerkorganisation in dezentralen Teams organisiert, die nach holokratischen und agilen Methoden arbeitet. Jedes Team hat einen bestimmten Branchen- oder Themenfokus wie z. B. New Mobility oder Finance, und ist wie ein kleines agiles Team mit jeweils einem ScrumMaster und einem Product Owner organisiert. Der ScrumMaster sorgt für die Produktivität des jeweiligen Teams und damit der Firma. Der Product Owner ist dafür zuständig, die Vision des einzelnen Teams zu erreichen und sie innerhalb der gesamten Firmenstrategie zu implementieren.

Unsere Mitarbeitenden aus ganz Deutschland und Österreich kommen in der Regel viermal jährlich im Rahmen unserer Company Days physisch zusammen, ansonsten verständigen wir uns (außer an den Standorten untereinander) sehr zentral und transparent über MS Teams. Die Umstellung auf ausschließlich virtuelle Kommunikation war für uns also nicht schwer. Dennoch war die Pandemie vor allem in der sehr ungewissen Anfangszeit eine Extremsituation und eine Belastbarkeitsprobe für jedes Team. Besonders wichtig war es uns deshalb, den Kontakt untereinander nicht zu verlieren und füreinander da zu sein – auch virtuell. So ist ein starkes Gemeinschaftsgefühl entstanden, das wir mit einem wöchentlichen, virtuellen Frühstück auf freiwilliger Basis und virtuellen Afterwork-Events gefestigt haben. Tägliche Abstimmungen sowie gemeinsame (virtuell durchgeführte) Aktivitäten wie gemeinsames Yoga, Kuchen backen und verschiedene Challenges unterstützten dabei, die Bindung zu stärken und unser Wohlbefinden weiterhin zu pflegen.

2) Volle Transparenz

Um der Unsicherheit, die die Krise mit sich brachte, entgegenzuwirken, haben Führungskreis und Hub laufend und transparent Neuigkeiten und Prognosen zu den Finanzen oder zu veränderten Regelungen rund um die Kurzarbeit geteilt. Alle

Finanzzahlen wurden schon vor der Krise offengelegt, mit Beginn der Pandemie aber mit erhöhter Frequenz. So wurde jedem und jeder auf einen Blick bewusst, wo wir stehen. Jede:r soll zudem jederzeit alle Informationen einsehen dürfen. Wir kommunizieren ausschließlich via MS Teams. Das ermöglicht uns, extrem schnell zu reagieren und zu helfen. Unser Motto „Just do it" wurde so im Lockdown zu "Just still do it." Zudem lag ein Schwerpunkt weiterhin auf Weiterbildung: In öffentlichen Meetups haben wir unser Wissen geteilt, aber auch Ideen der Teilnehmenden gesammelt und uns so kontinuierlich verbessert. Über unzählige Blogs und Ratgeberartikel sind wir zudem nah an unseren Kunden geblieben, indem wir ihnen einen Mehrwert außerhalb unserer regulären Beratungsleistungen bieten konnten.

3) Eigenverantwortung in den Teams

Wir leben das Pull-Prinzip und das Prinzip der Freiwilligkeit. Jede:r kann sich über den Marketplace sein bevorzugtes Projekt ziehen. Als Orientierung an den übergeordneten Zielen arbeiten wir teamübergreifend mit der Methode „Objectives and Key Results", auf Teamebene werden zudem eigene Key Results formuliert, die quartalsweise überprüft werden. Eigenverantwortung ist einer der Schlüsselfaktoren für unseren Erfolg. So kam es, dass auch in der Pandemie unser Grundsatz galt: Das Team entscheidet selbst. Doch was bedeutet das eigentlich, wenn gelernte Arbeitsabläufe ad hoc auf die Probe gestellt werden? Ein Beispiel: Auch wir haben als Reaktion auf die Krise Kurzarbeit angemeldet. Der Führungskreis hat die Notwendigkeit aufgezeigt, das Einverständnis aller Mitarbeitenden eingeholt und gemeinsam mit der HR-Abteilung über die Besonderheiten aufgeklärt. Doch den entscheidenden Teil setzten die Kolleg:innen selbst um: Die quer über Deutschland und Österreich verteilten Teams entschieden auf Grundlage der Informationen eigenständig, wer in Kurzarbeit geht und in welchem Umfang. Zuvor holte unsere HR-Abteilung die sich ständig ändernden Informationen über die einzuhaltenden gesetzlichen und organisatorischen Rahmenbedingungen ein. Ganz wichtig war uns der persönliche Austausch und das Verständnis: Es geht darum, unsere Arbeitsplätze zu sichern.

4) Wachstumsgedanke

Während viele Unternehmen in der Krise große Einsparungen vornahmen oder Personal entließen, setzten wir von Anfang an darauf, unseren Wachstumsgedanken auch in der Pandemie fortzusetzen.

Wir haben unser gesamtes Produktportfolio zudem auf „remote" umgestellt und uns schnell remote-fähige Tools angeeignet, die auch unsere Kunden nutzen konnten. Ferner entwickelten wir neue Produkte, wie zum Beispiel eine Corona-Retrospektive, um unseren Kunden dabei zu helfen, wichtige Lernerfahrungen aus dem Lockdown und dem Krisenmodus zu ziehen. Eine Remote-Task-Force hatten wir schon vor der Pandemie gebildet – diese kam natürlich in der Krise umfassend zum Einsatz. Über Tools wie MS Teams und Miro sind wir noch flexibler geworden.

5) Neues wagen

Aktuell probieren wir aus, ob wir uns mit soziokratischen Prinzipien noch besser intern organisieren können. Bei uns darf jede:r entscheiden, was er oder sie sich zu entscheiden zutraut. Die Kolleg:innen sollen nur eine zweite Person zur Beratung konsultieren (konsultativer Einzelentscheid), aber jede:r entscheidet am Ende selbst. Das heißt: Wer ein iPad braucht, sollte zumindest mal mit der IT sprechen und fragen, ob noch eines auf Lager ist, oder ob es einen etablierten Bestellprozess gibt.

Aber was ist mit den Entscheidungen, die alle betreffen, beispielsweise zum Unternehmensfokus oder zur Außenkommunikation? Gerade sind wir dabei, herauszufinden, welche Entscheidungen das sind, von welchen „Kreisen", wie es in der Soziokratie heißt, sie bisher getroffen werden (können) und wie eine soziokratische Entscheidungsfindung in diesen Kreisen funktionieren kann.

Der Führungskreis besteht aktuell aus unserem Geschäftsführer, drei Executive Consultants, dem Chief Product Owner und dem Chief ScrumMaster. Die Product Owner (PO) führen ihre Teams inhaltlich. PO wird man, indem man eine Idee pitcht und andere findet, die mitmachen wollen. Die Wahl des ScrumMasters (SM) handhabt jedes Team individuell. Die POs und die SMs aller Teams stimmen sich regelmäßig in eigenen Kreisen ab. Mit der Soziokratie führen wir nun die „doppelte Kopplung" ein.

Das heißt, die unteren Kreise schicken eine Vertretung in den nächsthöheren Kreis. Also: Der ScrumMaster-Kreis, der Product-Owner-Kreis und das HUB (Backoffice) bestimmen jeweils eine Vertretung für den Führungskreis, die dort mitentscheiden darf.

Es zeigt sich: Spannend und herausfordernd ist das Arbeiten in einem agilen Unternehmen allemal. Wir haben unseren Fokus auch in der Krise nicht verloren – ein großer Erfolgsfaktor, der unsere Unternehmenskultur und das Geschäft enorm stärken konnte.

Hélène Valadon ist Executive Consultant und Enterprise Agile Coach bei borisgloger consulting. Seit der Gründung im Jahre 2010 begleitet sie federführend agile Transformationsprogramme von Großkonzernen aller Branchen in Deutschland, Österreich und der Schweiz. Dabei hilft sie insbesondere Führungskräften, ihre neue Rolle zu verstehen und innerhalb neuer Prozesse und Strukturen zu leben. Hélènes Schwerpunkte liegen auf Agile Leadership und Nachhaltigkeit. Ihre Erfahrung hat Hélène aber die letzten 11 Jahre auch intern gesammelt: Denn borisgloger consulting wendet konsequent selbst agile Arbeitsweisen an – ob selbstorganisierte Teams, OKR oder Soziokratie. So kennen die rund 70 Mitarbeitenden alle Vor- und Nachteile und lassen ihre Erkenntnisse in die tägliche Arbeit mit Kunden einfließen.

Agilität weiter denken mit dem BAPO-Ansatz
– ganzheitlich und standortübergreifend

TRUMPF versteht sich als Familienunternehmen mit fast 100-jähriger Tradition als Garant für kontinuierliche Innovationskraft, der sein eigenes Tun immer wieder infrage stellt und so neue technologische Felder und Anwendungen für seine Kunden erschließt. Daraus leitet sich der Anspruch ab, im Wandel der Zeit nicht nur zu bestehen, sondern diesen aktiv mitzugestalten. Für den Forschungs- und Entwicklungsbereich von TRUMPF Werkzeugmaschinen, dem größten Geschäftsbereich der TRUMPF Gruppe, ist es also seit je her Herausforderung und Ambition zugleich, sich fortwährend weiterzuentwickeln. Zum Ausdruck kommt dies nicht zuletzt in den agilen Organisationsformen, die in den letzten Jahren in einzelnen Teilbereichen der Entwicklungsorganisation erfolgreich aufgebaut werden konnten und die das Fundament für den ganzheitlichen Wandel des gesamten F&E-Bereichs bilden.

Aber wenn es uns doch augenscheinlich gelingt, agile Arbeitsformen im Kleinen erfolgreich einzuführen und aus sich selbst heraus weiterzuentwickeln, warum beschäftigen wir uns dann überhaupt mit der Schaffung einer gemeinsamen agilen Kultur für mehr als 1000 Mitarbeiter über alle Standorte und Hauptabteilungen hinweg?

No matter what business you are in,
you are a digital technology company!

Dieses Zitat von Jan Bosch veranschaulicht, was TRUMPF als im Maschinenbau verwurzeltes Unternehmen mit Digitalisierung verbindet. Es genügt nicht mehr, sich allein auf hochtechnologische Produkte und tiefes Domänen-Knowhow zu verlassen. Über Vernetzung verschmilzt digitale Technologie immer mehr mit den eigenen Produkten und wird so selbst zum Produkt. TRUMPF Werkzeugmaschinen wandelt sich zunehmend vom Maschinen- zum Lösungsanbieter und trägt so sich verändernden Rahmenbedingungen Rechnung. Denn stand für die Nachfrageseite bislang der kapitalbindende Maschinenkauf im Vordergrund („capital expenditures", CAPEX), rücken nun zunehmend Kapital- auf Betriebskosten („operational expenditures", OPEX) verlagernde Dienstleistungsmodelle in den Vordergrund. Vernetzung ermöglicht eine tiefere Integration von Maschinen in die Betriebsabläufe der Kunden und macht diese im Software-Bereich bereits weit verbreiteten „X as a Service"-Konzepte nun auch im Hardware-Umfeld immer attraktiver. Abgesehen von Nischenanbietern werden sich perspektivisch alle Marktteilnehmer auf diesen Wandel einstellen und Antworten auf diese Nachfrageverschiebung von CAPEX zu OPEX finden müssen (Bending, Pfeifle, Ley, Janik, & Kugel, 2021).

TRUMPF bedient diesen Ansatz unter anderem mit dem Geschäftsmodell „Equipment as a Service" (EaaS), das gemeinsam mit den Partnern Munich Re und relayr vorangetrieben wird. Bei EaaS wird nicht mehr die Maschine an sich, sondern deren Betrieb als Dienstleistung verkauft, und zwar eingebettet in ein vollständiges Ökosystem, das die optimale Nutzung der Maschinen direkt in der Wertschöpfungskette des Kunden sicherstellt. Die Herausforderungen innerhalb des F&E-Bereichs erweitern sich damit einhergehend über den Fokus auf isolierte Funktionalitäten hinaus in Richtung der Durchgängigkeit innerhalb der gesamten Prozesskette. Erfolgreiche Lösungen entstehen nur im Entwicklungsverbund, weshalb es neben Agilität in unseren Abläufen zwingend auch eine ganzheitliche Perspektive braucht, die Hardware, Software und Services miteinander verbindet.

Um dem gerecht werden zu können, hat sich der gesamte F&E-Bereich auf die Reise gemacht und sich im Rahmen einer agilen Transition in seinen Abläufen und Strukturen neu aufgestellt. Es galt, eine flexible, rollenbasierte Organisation zu schaffen, die nicht nur aktuellen Herausforderungen genügt, sondern sich adaptiv immer wieder den Gegebenheiten anpassen kann.

In diesem Beitrag wird mit wesentlichen Merkmalen bereits etablierter agiler Ansätze zunächst das Fundament der Transition beschrieben, bevor mit dem BAPO-Modell auf deren Bauplan eingegangen wird. Anschließend geht es um die Umsetzung, die damit verbundenen Herausforderungen und um die Rolle, die Haltung, Halt und Ausrichtung im kulturellen Wandel spielen. Abschließend folgt ein kurzes (vorläufiges) Fazit samt Ausblick.

Worauf wir aufbauen – Unser agiles Fundament

In den vergangenen zehn Jahren wurden im Entwicklungsbereich von TRUMPF Werkzeugmaschinen agile Arbeitsweisen und -methoden wie z.B. Scrum oder Kanban in verschiedensten Teilbereichen etabliert. In einigen dieser Bereiche sind daraus agile Formen der Aufbau- und Ablauforganisation entstanden mit dem Ziel, die Koordination agiler Entwicklungsteams über mehrere Produkte und Ebenen hinweg möglichst wirksam zu unterstützen. Die so gewonnenen Erfahrungen und Erkenntnisse bildeten ein solides Fundament, auf dem die agile Transition des gesamten F&E-Bereichs gegründet werden konnte.

An dieser Stelle wird nicht auf einzelne Organisationsformen im Detail eingegangen, sondern werden nur exemplarisch die in der TruConnect Software-Entwicklung eingeführten disziplinarisch und fachlich getrennten Führungsrollen näher erläutert (Schröder & Pilster, 2020), da diese Rollentrennung auch als Kernelement in das neue übergeordnete Rollenmodell eingeflossen ist (vgl. Abbildung 12).

Fachlich und disziplinarisch getrennte Führungsrollen

Agile Arbeitsweisen entfalten sich besonders gut, wenn Entwicklungsteams möglichst selbstorganisiert und eigenverantwortlich agieren können. Das tangiert in einer klassischen Linienorganisation in starkem Maße die Aufgaben und Verantwortungen der Gruppen- und Abteilungsleiter. Um dem zu begegnen, wurde ein neues Organisationsmodell mit fachlich und disziplinarisch getrennten Führungsrollen entwickelt, um Augenhöhe unter allen Beteiligten im Entwicklungsprozess herzustellen. Anstelle der klassischen Gruppenleiterpositionen rückten zwei neue Rollen: die/der Chief Product Owner (CPO) für die fachliche Führung innerhalb eines Produktportfolios sowie die/der Agile Manager (AM) mit Fokus auf Menschen und Prozesse. Als disziplinarische Führungskraft bildet der AM gleichzeitig das Bindeglied zur Unternehmensorganisation, insbesondere zum Personalbereich.

Beiden Rollen werden durch diese Aufteilung neue Freiräume und Möglichkeiten zur Fokussierung geschaffen. Der CPO kann sich auf die Geschäftsmodelle konzentrieren und Produktentscheidungen losgelöst von disziplinarischen Abhängigkeiten treffen, während der AM unabhängig von Fachlichkeit nachhaltige Entwicklungsbeziehungen zu seinen Mitarbeiterinnen und Mitarbeitern aufbauen und sich auf die Schaffung (möglichst) stabiler Teamzuordnungen konzentrieren kann. Beides zusammengenommen schafft einen stabilen Rahmen, in dem sehr flexibel agiert werden kann, was sich unter anderem darin zeigte, dass strategische Neuausrichtungen schnell und emergent in den Teamstrukturen abgebildet werden konnten.

Aus Sicht der Entwicklerteams ist die disziplinarische Führung nun aus dem Alltag weitgehend herausgenommen, was den Wandel hin zu einem Mehr an Eigenverantwortung und Selbstorganisation sowie hin zu einer offenen Feedback-Kultur maßgeblich unterstützt. Da die klassische Führungsverantwortung breit verteilt ist, ist damit auch der Boden bereitet, um andere agile Rollen (Scrum Master, Product Owner, Developer, Chapter Speaker, …) wirksamer in ihrer fachlichen Gestaltung werden zu lassen. Aufgrund der positiven Effekte ist das Konzept der getrennten fachlichen und disziplinarischen Führungsrollen mit Anpassungen im Rollenkonzept der agilen Transition aufgegangen.

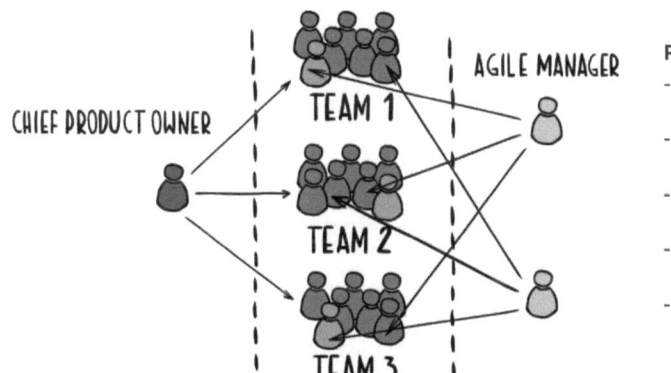

Positive Effekte:
- Augenhöhe (Entwickler <-> Product Owner)
- Agile Manager als Partner für Weiterentwicklung
- Fokus auf Stärken (People / Product Development)
- Teambildung unabhängig von Funktionsbereichen
- Verbesserung von Offenheit und Feedbackkultur

Abbildung 8: Zusammenspiel von Chief Product Owner und Agile Manager (Zeichnung: J. Pilster)

Wenn die (agile) Perspektive auf das „große Ganze" fehlt

Die „im Kleinen" entstandenen agilen Organisationsformen sind in ihrer jeweiligen Umgebung im agilen Kernprozess aus sehen→verstehen→verbessern ständig weiterentwickelt worden. Beispielhaft sei hierfür eine im Rahmen einer Master-Arbeit entstanden Studie für die TruConnect Software-Entwicklung erwähnt, in der sowohl die Trennung von disziplinarischer und fachlicher Führung als auch die agile Transition an sich mit großer Mehrheit als erfolgreich bewertet worden ist (Beinert, 2019).

Allerdings fehlte dabei zunehmend die Perspektive aufs „große Ganze", da jeder Teilbereich seine eigene agile Sprache mit Rollendefinitionen und Vorstellungen der Zusammenarbeit entwickelt und verfeinert hat. Bei übergreifender Zusammenarbeit ging es den Beteiligten daher manchmal so wie Schienenlegern, die sich aus unterschiedlichen Richtungen zwar getroffen haben, jedoch nur mit einer von beiden Schienen, und sich nun fragen, woran das gelegen haben mag.

Abbildung 9: Messbarer Erfolg des neuen Führungsmodells; Auszug aus einer Erhebung im Rahmen einer Masterarbeit zur agilen Transition in der TruConnect Software-Entwicklung. Daten aus (Beinert, 2019)

Als konkretes Beispiel sei die Rolle der Team-Architektin bzw. des Team-Architekten hervorgehoben, die im skalierten Entwicklungsumfeld der Maschinenplattformen geschaffen worden ist. In bewusster Abgrenzung vom mit Produktverantwortung ausgestatteten Product Owner definiert, entspricht deren Tätigkeit in der Software-Entwicklung eher der einer/eines Team Product Owners und eher nicht der einer Architektin bzw. eines Architekten. Natürlich lassen sich solche lokal unterschiedlichen Rollenbilder durch verstärkte Kommunikation verständlich machen und so eine Basis für übergreifende Zusammenarbeitsmuster schaffen. Bei zunehmender Vernetzung bleibt aber ein Hindernis für die intuitive Zusammenarbeit bestehen, das mit dem ganzheitlichen Transitionsansatz möglichst behoben werden sollte.

Wohin wir wollen – Der Bauplan unserer Transition

Um sicherzustellen, dass die agile Transition des gesamten F&E-Bereichs von TRUMPF Werkzeugmaschinen sich an den dargelegten Anforderungen des sich wandelnden Marktumfelds orientiert, wurde das BAPO-Modell von Jan Bosch als Vorgehensgrundlage herangezogen (Bosch, 2017): Startpunkt ist es, Klarheit über die zukünftige Geschäftsstrategie zu gewinnen („Business"). Darauf aufbauend gilt es, Architektur- und Technologieentscheidungen zu treffen („Architecture") und erst dann geeignete Abläufe („Process") und die Aufbauorganisation („Organisation") festzulegen. Dazu wurden für jeden der vier Schritte dezidierte Workstreams definiert, die sich koordiniert von einem übergeordneten Transitionsteam um die konkrete Ausgestaltung gekümmert haben.

Der Fokus des B-Streams lag auf der Umsetzung der Business-Center-Struktur innerhalb des F&E-Bereichs. TRUMPF Werkzeugmaschinen hatte sich kurz vorher in Business Centers organisiert, um unterhalb des Geschäftsbereichs lokalere und damit schnellere Entscheidungen treffen zu können. Jedes Business Center wird dabei von einem Dreigespann aus Produktmanager, Wertstromverantwortlichem und R&D Manager geführt. Für die F&E-Bereiche galt es vor allem, die neu geschaffene Rolle

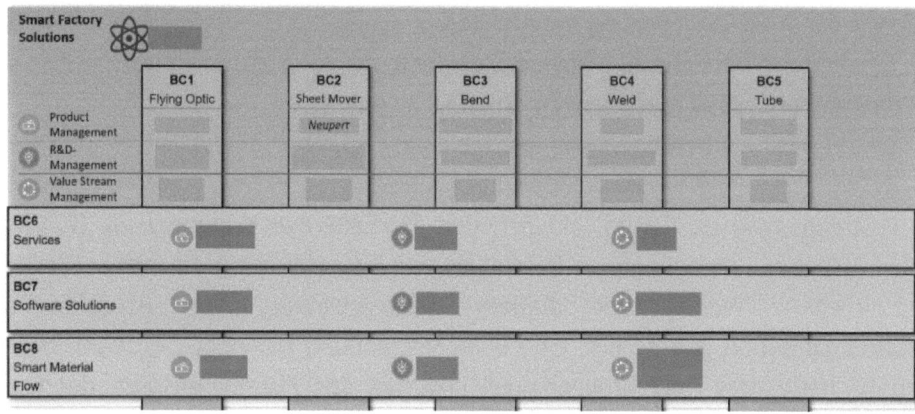

Abbildung 10: Neue Business-Center-Struktur

Architekturmodell mit drei Schalen als Leitgedanke der Produktentwicklung

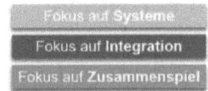

- ein **Global Architect** für jede Schale
- ein **Agile Management Cluster** für jede Schale

→ **gemeinsamer Fokus** ist der **Anker** für Zusammenarbeit
→ Gleichzeitig stehen **Vernetzung** und **ganzheitliche Betrachtung** im Mittelpunkt

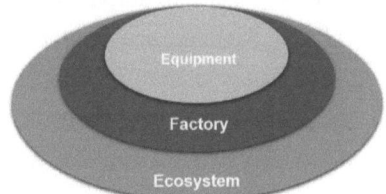

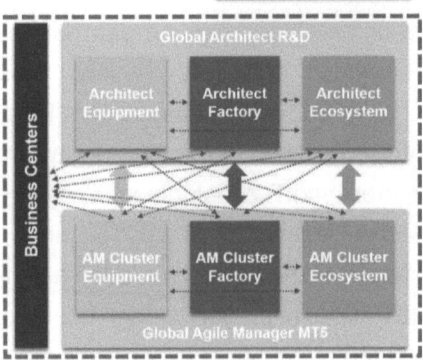

Abbildung 11: Ein Architekturmodell als Leitgedanke für Produktentwicklung und Aufbauorganisation

der/des R&D Managers von der Business-Center-Ebene bis in die Team-Ebene auszugestalten und Aufteilung der Portfolioverantwortung auf die einzelnen Business Centers konsistent voranzutreiben.

Aufgabe des A-Streams war es, die Architektur als eigene Gestaltungssäule innerhalb des Entwicklungsbereichs zu etablieren, die Rolle des Architekten zu beschreiben und ein übergreifend wirkendes Architekturmodell zu entwerfen, das als Leitprinzip für die Produktentwicklung herangezogen werden kann (vgl. Abbildung 11).

Im P-Stream ging es darum, einen neuen Produktentwicklungsprozess (PEP) mit agilen Abläufen, durchgängigem Datenfluss und kurzzyklischem Anwender-Feedback auszuarbeiten. Wegen der starken Wechselwirkung von Abläufen und Aufbauorganisation gab es hier eine enge Verzahnung mit dem O-Stream, der die Aufgabe hatte, das neue Rollenmodell inklusive des Zusammenspiels der Rollen untereinander mit den Inputs aus den übrigen Streams zu vervollständigen, eine dazu passende Aufbauorganisation zu schaffen und die Organisation schrittweise in diese zu überführen. Das Ergebnis ist ein auf fünf Kernrollen aufbauendes Rollen- und

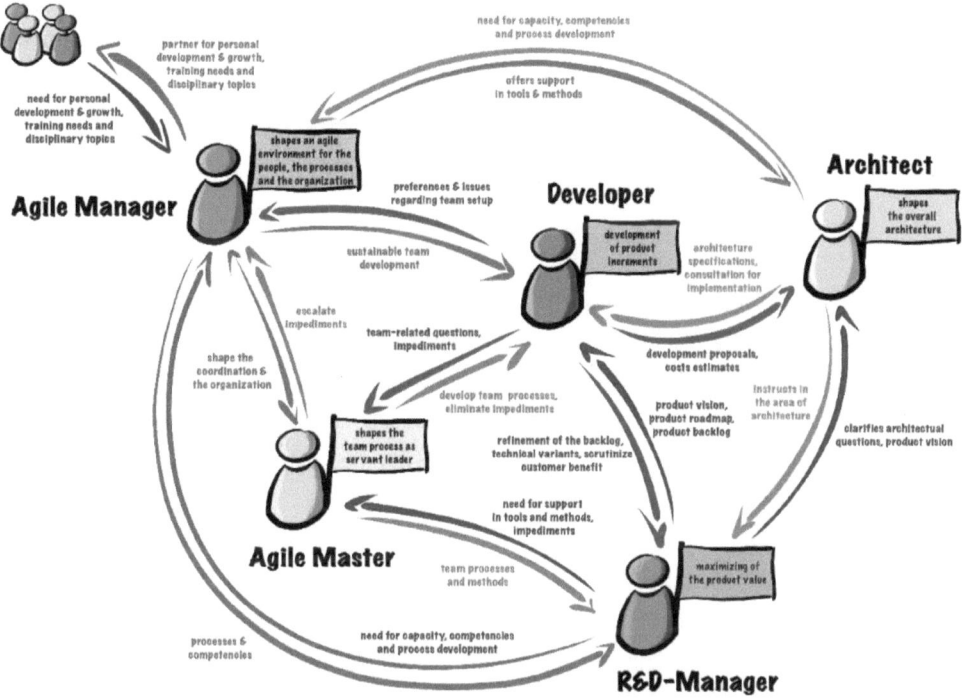

Abbildung 12: Das neu entwickelte Rollen- und Zusammenarbeitsmodell

Zusammenarbeitsmodell: Developer, Agile Master, Architect, R&D Manager und Agile Manager. Abbildung 12 stellt diese Rollen in Bezug zueinander.

Das Agile Management ist die tragende Säule der neuen Aufbauorganisation. Da die meisten Abteilungen bisher ein klassisches Führungsmodell hatten, ist das verbunden mit einer umfassenden Neuverdrahtung der disziplinarischen Aufbauorganisation. Damit soll einerseits Flexibilität in den Abläufen und eine weitgehende Entkopplung von disziplinarischer Führung und operativer Produktentwicklung erreicht werden, weshalb die bisherige Führungsverantwortung auf die drei Dimensionen Agile Management, R&D Management und Architektur aufgeteilt wird. Andererseits sollen das Rollenmodell und die Aufbauorganisation dank dieser Entkopplung im Kern resilient gegenüber sich ändernden Anforderungen sein und sich adaptiv neu ausrichten können.

Woran wir uns festhalten – Haltung vorleben und Halt geben

Culture eats everything for breakfast.

Diese Abwandlung eines berühmten Zitats, das Peter Drucker zugeschrieben wird („Culture eats strategy for breakfast"), hebt die Bedeutung der gelebten Kultur einer Organisation für deren Wirksamkeit eindringlich hervor. Es bedarf also nicht nur der richtigen Konzepte, um eine Transformation erfolgreich zu meistern, sondern vor allem auch einer dazu passenden Kultur, die sich die Menschen der Organisation gemeinsam erarbeiten und stetig weiterentwickeln.

Dieser Abschnitt geht zunächst auf wesentliche kulturelle Herausforderungen ein, die diese Transition zutage gebracht haben. Dann wird in Anleihe an das Kinderbuch „Swimmy" von Leo Lionni (Lionni, 2004, 16. Auflage) die Analogie eines Fischschwarms verwendet, um das Zusammenspiel von Haltung und Ausrichtung zu verdeutlichen. Schließlich wird in der konkreten Umsetzung erläutert, was beides für den Bereich als Organisation im Übergang und für die Transitionsstrategie bedeutet.

Unterschiedliche Perspektiven im Wandel

Die unterschiedlichen kulturellen Vorprägungen und Perspektiven erweisen sich als große Herausforderung in dem Unterfangen, ein ganzheitliches und übergreifendes gemeinsames Verständnis der Zusammenarbeit zu etablieren. Selbst zwischen bereits vorher „agil" arbeitenden Bereichen gibt es zum Teil stark unterschiedliche Perspektiven, wie zuvor erläutertet. Verglichen mit anderen, bisher klassisch hierarchisch aufgebauten Abteilungen sind diese Unterschiede noch viel ausgeprägter. Hier geht es mitunter nicht darum, sich auf gemeinsames Schienenlegen zu verständigen, sondern erstmal darauf, welches Fortbewegungsmittel überhaupt verwendet werden soll:

- Es prallen Wertesysteme aufeinander, z.B. auf der einen Seite Agilität und Anpassungsfähigkeit, auf der anderen Seite der Wunsch nach Verbindlichkeit und Verlässlichkeit.
- Die Wissensbasis ist sehr unterschiedlich, mit vielen Menschen und Teams, die bereits Erfolgserlebnisse mit agilem Arbeiten erleben durften und sich einen Zugang zum Umgang mit Komplexität erschlossen haben, und anderen, denen solche Erfahrungen fehlen oder die ggf. sogar negativ geprägte gemacht haben.
- Dienende Führung auf der einen und wohlwollend steuernde Führung auf der anderen Seite.
- Stark unterschiedlich ausgeprägte Feedback-Kulturen.
- Fehlendes Vertrauen in- und füreinander.

Nur wenn es gelingt, diese unterschiedlichen Perspektiven wertschätzend zu berücksichtigen und Verständnis dafür aufzubringen, dass dem einen schon viel zu viel ist, was der anderen vielleicht längst nicht genug, kann daraus eine gemeinsame neue Kultur erwachsen.

Über Haltung und Ausrichtung

Im Kinderbuch „Swimmy" von Leo Lionni überzeugt ein kleiner schwarzer Fisch einen Schwarm roter Fische, gemeinsam wie ein Riesenfisch aufzutreten und so unbehelligt von größeren Fischen die Wunder der Meere entdecken zu können (Lionni, 2004, 16. Auflage). In Analogie dazu wird hier das selbstorganisierte Schwimmen im Schwarm als Metapher für das Zielbild der neuen Organisation verwendet und dargestellt, welche entscheidenden Rollen Ausrichtung und Haltung im Übergang spielen (siehe auch Abbildung 13):

1. Als Veränderungstreiber muss ich offen und unermüdlich im direkten Dialog für meine Vision werben und dabei offen für Fragen und Feedback sein.
2. Neben dem persönlichen Dialog sind auch Townhall Meetings wichtig, in denen alle gemeinsam die Vision vermittelt bekommen und es eine öffentliche Bühne für Rückfragen und Austausch gibt. Beispielsweise

wurden immer wieder globale Updates zur Transition in solchen Formaten vermittelt, aber auch sehr konkrete Themen wie die Ausgestaltung der neuen Kernrollen in sogenannten „Deep Dives".

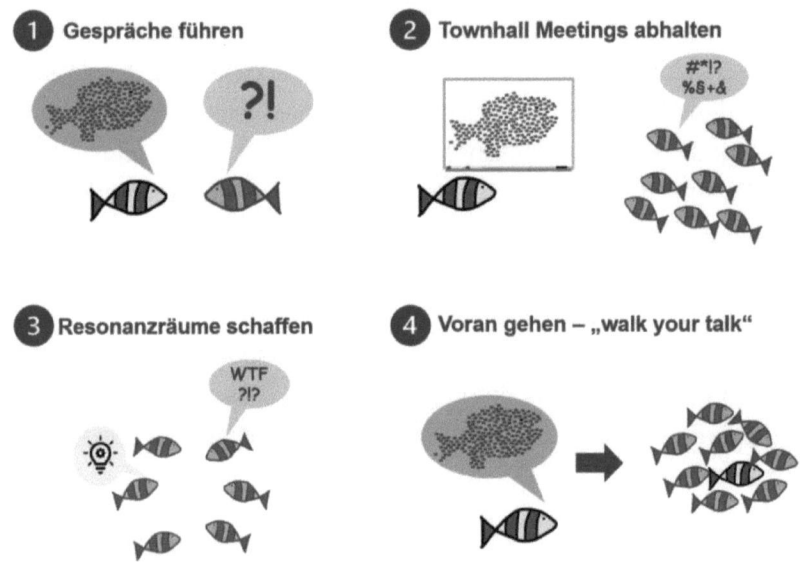

Abbildung 13: Ausrichtung geben und Haltung vorleben

3. Allerdings bedarf es neben der öffentlichen Bühne auch geschützter Räume und Beteiligungsformate, in denen die Menschen sich im kleineren Rahmen austauschen, Ideen zur Ausrichtung entwickeln und Kritik äußern können. Diese Impulse sollten strukturiert aufgearbeitet und nachverfolgt werden.

4. Als vielleicht wichtigstes Element ist zu berücksichtigen, dass Kultur der Schatten des Handelns ist und auch von Seiten der Veränderungstreiber ein durchgängiges Vorleben der gewünschten Veränderung praktiziert und wahrgenommen wird. Inkonsistenzen zwischen Botschaft und Aktion werden in der Regel sehr feinfühlig wahrgenommen und können einen Wandel schnell aushöhlen.

Step by step – Festhalten im Übergang

> *„Ja, wir brauchen Haltung.*
> *Und wir brauchen etwas, an dem wir uns halten können,*
> *um uns im Übergang nicht zu überfordern."*

Mit diesem Ausspruch von Tom Schneider, der als CTO von TRUMPF Werkzeugmaschinen diese agile Transition verantwortet und Mitverfasser dieses Beitrags ist, wird das Spannungsfeld verdeutlicht, in dem angesichts der aufgeführten unterschiedlichen Perspektiven der Übergang zu meistern ist. Um in der Metapher des Fischschwarms zu bleiben, machen sich die Menschen aus völlig unterschiedlichen Aquarien auf die Reise in die neue Organisation. Ausgehend von einer klassischen Hierarchie mit Entwicklungsvorstand und Hauptabteilungsleitern waren die einzelnen „Aquarien" zum Teil völlig unterschiedlich organisiert mit der ganzen Bandbreite an Ausgangsperspektiven: Angefangen von streng hierarchischer Organisation bis hin zu agilen Strukturen, in denen schon deutlich mehr selbstorganisiert im Schwarm geschwommen wird.

Hier zeigt sich, warum es im Übergang eines „Halts" bedarf, der Orientierung gibt und der Organisation ermöglicht, neue Zusammenarbeitsmuster und Rollenverständnisse zu erleben und umzusetzen. Wesentliche Elemente zum Festhalten waren zum einen das „Regelwerk" der Transition, in dem Verbindlichkeit über Spielregeln und Rollen geschaffen wurde. Zum anderen wurden in bewusster Abweichung vom Grundgedanken der agilen Aufbauorganisation, in der Verantwortlichkeiten über Aufgaben, Rollen und konkrete Abläufe statt über Positionen festgelegt werden sollten, sogenannte „Schlüsselpositionen" geschaffen, auf die bisherige Führungskräfte den ersten Zugriff hatten, und die einen geregelten Übergang von der alten in die neue Organisation erleichtern sollten. Wie in der Abbildung unten angedeutet bilden diese als gelbe Fische eine Art Grundgerüst und sollen das lokale Umfeld befähigen, in den neuen Abläufen zurecht zu kommen. Mit der Zeit sollen sich diese lokalen Umfelder immer näher an das gemeinsame „große" Zielbild annähern und so das Grundgerüst langsam überflüssig machen.

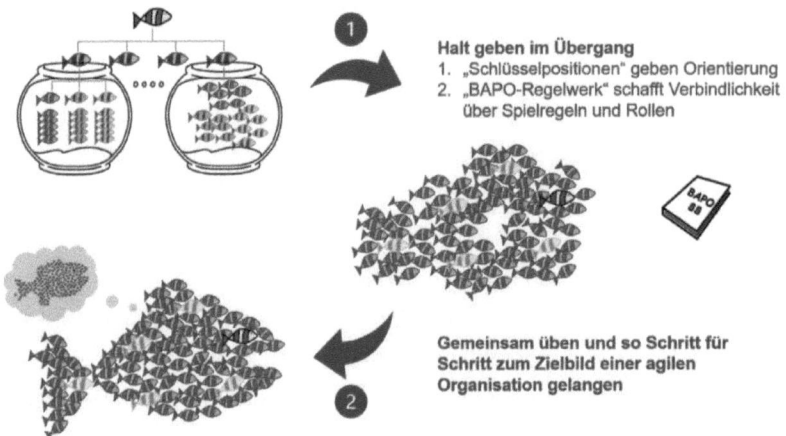

Abbildung 14: Schrittweise zur adaptiven Organisation

Was noch vor uns liegt – Zwischenbilanz und Ausblick

Einige Monate nach dem „Go Live" der neuen Organisation lässt sich konsternieren, dass der Übergang grundsätzlich gelungen ist und sich auch erste positive Auswirkungen der neuen Rollenaufteilung zeigen. Die Aufteilung der Führungsverantwortung und die damit einhergehende Neuverdrahtung der Aufbauorganisation ist dabei der entscheidende Baustein und setzt den Rahmen, in dem sich die gestalterischen Freiräume des Zusammenarbeitsmodells entfalten können.

Gleichzeitig ist nicht nur durch die Umstellung, sondern auch durch die lange Vorbereitungszeit sehr viel Unruhe in den Bereich getragen worden, und es liegt noch ein weiter Weg vor der gesamten Organisation, um die Transition zu eine nachhaltigen Erfolg zu machen. Wir sind aber davon überzeugt, dass der Dreiklang aus klarer Transitionsstrategie, Haltung vorleben und Halt geben im Übergang uns dabei helfen wird, eine flexible, adaptive Entwicklungsorganisation zu werden, die den aktuellen und zukünftigen Anforderungen gerecht werden kann.

Weg vom Reißbrett und rein in den Maschinenraum

Ein wichtiger Faktor wird dabei sein, ein gegenseitiges Verständnis für die neuen Rollen und deren Zusammenspiel zu erarbeiten, und zwar ausgehend von konkreten Abläufen. Es gilt also, die Konzepte vom Reißbrett zu nehmen und sich damit in den Maschinenraum, in den Arbeitsalltag der Menschen und der Teams zu begeben. Während unterschiedliche Perspektiven im Allgemeinen oft unvereinbar scheinen, lassen sich am konkreten Beispiel meist für alle Seiten gute Lösungen entwickeln. Als sehr hilfreiches Werkzeug dafür hat sich das in Abbildung 12 visualisierte Rollenkonzept erwiesen, da sich mit griffigen Rollenüberschriften und farbigen „Pöppel" die Abläufe aus der Produktentwicklungsperspektive sehr eingängig darstellen lassen. Unterschiedliche Interpretationen dessen, was eine Rolle, ein Rollenhut oder ein Regelkreis beinhalten, lassen sich so gemeinsam mit den Teams „refinen" und schrittweise ein gemeinsames Verständnis etablieren. Als ein illustratives Beispiel zeigt Abbildung 15 einen Ausschnitt aus einem Arbeitsstand eines solchen Refinements, das zwischen mehreren Teams standortübergreifend erfolgt.

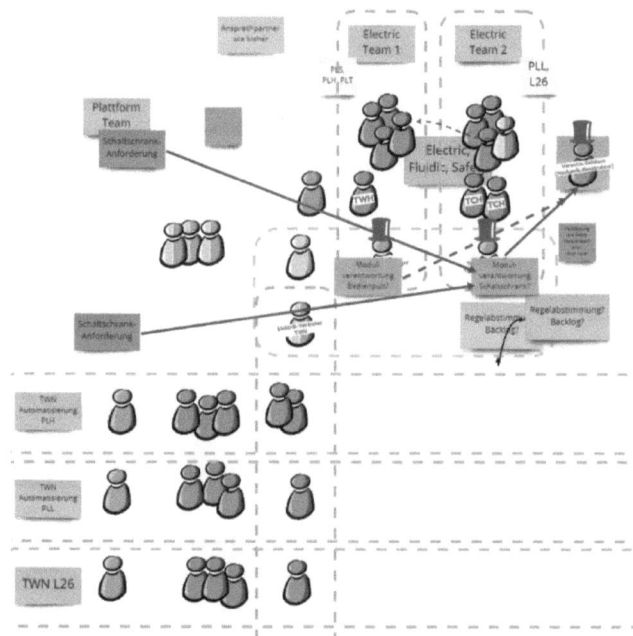

Abbildung 15: Beispiel für die Visualisierung von Abläufen und Rollen aus der Perspektive der Entwicklungsteams

Heiko Schröder gestaltet im Hochtechnologie-Unternehmen TRUMPF seit mehr als drei Jahren Strukturen und Abläufe basierend auf agilen Werten und Prinzipien und entwickelt diese ständig weiter. Aktuell trägt er als agile Führungskraft Verantwortung sowohl für über 30 Entwicklerinnen und Entwickler, Scrum Master und Product Owner als auch für die Prozesse innerhalb eines Produktportfolios. Bei Veränderungsprozessen stellt er stets die Menschen in den Mittelpunkt, und sein Handeln ist von der Überzeugung geprägt, dass Agilität im eigenen Kopf beginnen sollte. Er ist promovierter Physiker und sammelte vor seiner Zeit bei TRUMPF umfangreiche Führungserfahrung in verschiedenen Bereichen eines internationalen Luft- und Raumfahrtkonzerns. Neben Agilität, Führungskultur und Change Management zählt auch Strategie-Entwicklung zu seinen Interessenschwerpunkten.

Sabine Kerres hat im Hochtechnologie-Unternehmen TRUMPF nun fast 20 Jahren viele Bereiche und deren Veränderungen miterlebt. Als Entwicklerin hat sie selbst einige Reorganisationen durchlebt und später als ScrumMaster auch begleitet. Auch die eigene Veränderung von Studentin über Entwicklerin, Mutter, Teilzeit-Entwicklerin bis hin zu ScrumMaster und Prozessbegleitung prägt ihre Sicht auf Veränderungsprozesse in einer Organisation und die Veränderungsfähigkeit von Menschen. Seit Jahren setzt sie sich deshalb für die Veränderungsprozesse und Kulturarbeit in der Entwicklung ein. Ihr Fokus liegt dabei immer auf den Menschen, welche die Kultur in einer Organisation prägen und stetig verändern. Sabine ist überzeugt davon, dass Wandel zuerst im eigenen Kopf beginnt. Nur wenn wir den Menschen als Ganzes betrachten, können wir ihn optimal in Veränderungsprozessen unterstützen. Aktuell begleitet sie an der Seite des CTO von TRUMPF Werkzeugmaschinen die Transition im Bereich Architektur. Sie hat ursprünglich Elektrotechnik studiert mit der Vertiefung Automatisierungstechnik.

▪ Beinert, V. (2019). Handlungsempfehlungen zur Unterstützung von Agilität durch Organistionsstrukturen am Beispiel der Software-Entwicklung der Firma TRUMPF.
▪ Bending, O. B., Pfeifle, S., Ley, C., Janik, J., & Kugel, M. (2021). Equipment-as-a-Service: From Capex to Opex - new business models for the machinery industry. Monitor Deloitte.
▪ Bosch, J. (2017). The End of Reorgs. Von https://janbosch.com/blog/index.php/2017/10/26/the-end-of-reorgs/ abgerufen
▪ Lionni, L. (2004, 16. Auflage). Swimmy. Beltz & Gelberg.
Schröder, H., & Pilster, J. (2020). Agile Organisationsentwicklung bei TRUMPF: Herausforderungen, Erfahrungen, Erkenntnisse. In C. G. (eds), Smart Human Resource Management. Springer Gabler.

Wenn Fuck Up Nights ganz falsch verstanden werden
– Agile Transformation und die Sprache

Buzzword-Dschungel?! - Sprache als Brücke in der agilen Transformation

Abbildung 16: Tücken der Sprache

Wir sprechen in der agilen Community häufig über Unternehmen, die schon mindestens die ersten Schritte der Agilisierung getan haben. Doch wie ist es, wenn Organisationen ganz am Anfang ihrer Reise in die digitale Transformation stehen? Wenn englische Fachbegriffe und in der agilen Welt typische Buzzwords keine Selbstverständlichkeit und nicht Teil der alltäglichen Arbeitssprache sind? Eine nicht ungewöhnliche Situation in vielen Unternehmen, die agile Arbeitsmethoden außerhalb der IT einführen möchten - aber auch in der öffentlichen Verwaltung nicht selten der Fall.

Was passiert wohl, wenn man als Agile Coach in solchen Organisationen den Vorschlag macht, „Fuck Up Nights" einzuführen? Oder wenn man Learnings in einer Retro als Lean Coffee Session in einem Social Space reflektieren will und das am besten noch mit einem Warmup oder Energizer kombinieren will? Sicher führt das zu einigen Missverständnissen...

Wir haben einmal zusammengefasst was man tun kann, um wesentliche Missverständnisse zu vermeiden:

1. Steigt nicht gleich mit Buzzwords ein!

Es ist mehr als ungünstig mit einem Team, das kaum bis kein Englisch in der Arbeitssprache nutzt und nur agile Neulinge hat, gleich mit einer Buzzword-Attacke anzufangen. Du willst am Anfang einen Zugang zum Team schaffen und in einen konstruktiven Austausch gehen. Buzzwording ist in solchen Fällen kein Ausweis für besondere Expertise, sondern schafft eher Barrieren. Ein Einstieg kann so richtig schief gehen, wenn man dem Team gleich noch erklärt, dass es bisher nur schlecht gearbeitet bzw. alles falsch gemacht hat. Das erschwert den Einstieg erheblich und kann gleich am Anfang zu Widerständen führen.

2. Findet den geeigneten Startpunkt

Bei einem Transformationsprozess wie der der Umstellung auf agile Arbeitsweisen ist es wichtig, sich erst einmal Gedanken über den geeigneten Startpunkt zu machen. Hier braucht es die Auseinandersetzung damit, wo die Teams und die Organisation als solche steht. Dabei ist es sinnvoll, auch einen Blick auf das Element Sprache zu werfen. Ist Englisch den Mitarbeitern fremd oder ist Agilität zwar Neuland, aber die genutzten Fachbegriffe nicht weit weg von der eigenen Sprachwelt? Je weiter die Teams sprachlich in einer anderen Welt leben, braucht es erst einmal eine Sensibilisierung. Es braucht dafür ein gewisses Fingerspitzengefühl, denn Belehrung wird vermutlich in keinem Team als Unterstützung wahrgenommen.

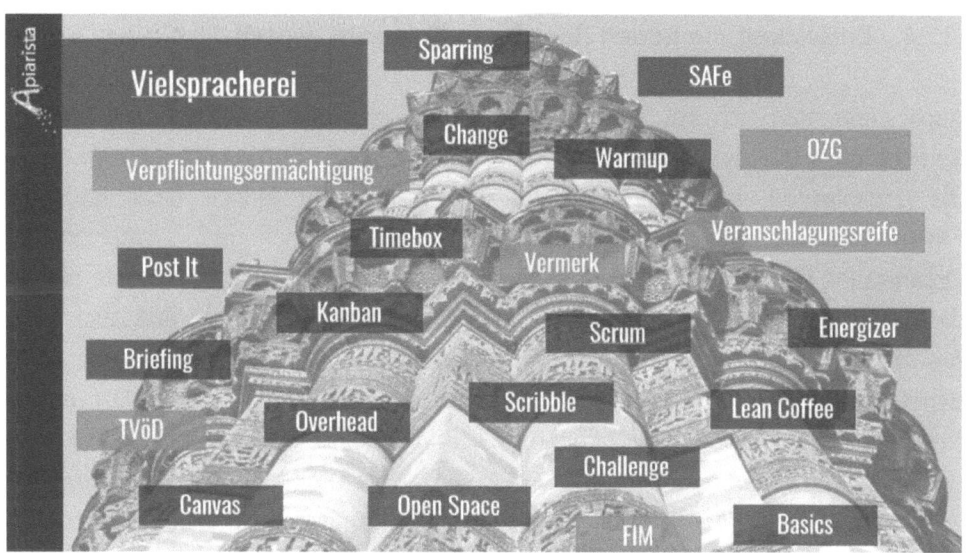

Abbildung 17: Vielspracherei

3. Gehe realistisch an die Transformation heran

In der Regel sind nicht alle Mitarbeiter:innen auf dem exakt gleichen Stand. In einer Organisation trafen wir auf ein Team, in dem es Mitarbeiter:innen ohne Erfahrungen mit agilen Arbeitsweisen gab und auch Englisch nicht zum Sprachschatz gehörte, aber auch Mitarbeiter:innen mit agilem Hintergrund. Diese Konstellation schaffte bereits in einem einzigen Team einige Verständnisschwierigkeiten und Missverständnisse.

In Organisationen, die am Anfang stehen, muss ich zunächst davon ausgehen, dass wenig bis kaum Vorwissen existiert. Das ist nicht schlimm, hat aber Konsequenzen für meine Vorgehensweise in der Transformation. Wenn ich am Anfang zu viel möchte und die Menschen fachlich und emotional überfordere, dann wird im Zweifel auf diese Weise potentielle Akzeptanz für Agilität bzw. Veränderung verbrannt. Hier ist eine Vorgehensweise in Etappen - einfach Stück für Stück - und das Voranschreiten im Tempo der Organisation ratsam.

4. Entwickelt die neuen Begriffe gemeinsam weiter

Auch wenn man sich am Startpunkt orientiert, bedeutet es nicht, dass man die Sprache nicht hin zum agilen „Sprech" weiterentwickelt. Es braucht letztlich die für die Organisation passenden Begriffe. Das sollte man jedoch nicht im stillen Kämmerlein tun. Hier macht es viel mehr Sinn die „richtigen" Worte aus der Organisation heraus zu definieren. Wenn Daily und Review zwar als Formate passen, die Bezeichnungen aber nicht üblich sind, Vorbehalte produzieren und auch keine Assoziationen wecken, was wäre dann passender? Morgenrunde oder Teamstart als Begriffe für das Daily und Ergebnispräsentation oder Ergebnismarktplatz für die Review? Es gibt so viele Möglichkeiten... Wichtig dabei ist, dass es die Möglichkeit für die Mitarbeiter:innen für Austausch und Reflexion dazu gibt. E ist ja nicht unwichtig zu wissen, welcher Begriff für die Kolleg:innen verständlich ist und welcher vor allem in die Welt der Mitarbeiter:innen passt.
Bei dieser Vorgehensweise werden die Menschen sinnvoll mit eingebunden, zu Beteiligten gemacht und es schafft zugleich höhere Akzeptanz für die neuen Begriffe und ermöglicht eine niederschwellige Auseinandersetzung mit der neuen agilen Welt.

5. Baut ein interaktives Wörterbuch

Bei Organisationen am Anfang ihrer agilen Reise ist es nicht ungewöhnlich, dass nicht alle Begriffe allen gleichermaßen bekannt sind. Das ist nicht schlimm. Entscheidend ist, dass es einen offenen Umgang mit solchen unbekannten Begriffen gibt. Wir machen häufig in Workshops die Erfahrung, dass ein Glossar oder ein Wörterbuch „agil-deutsch; deutsch-agil" sehr hilfreich sein kann. Ein solches Wörterbuch schafft Transparenz über die Begriffswelt, die einen umgibt, und es ermöglicht einen Austausch auf Augenhöhe. Es sollten ergänzend Sketchnotes – also einfache Skizzen – verwendet werden. Das führt dazu, dass die Begriffe schnell verstanden werden und sich die Beteiligten sich diese besser merken können.

6. Es darf Spaß machen!

Transformationen sind für alle Beteiligten nicht einfach. Und wenn sprachliche Welten aufeinanderprallen, sind Irritationen unvermeidbar. Hier ist es wichtig, mit Ernsthaftigkeit bei der Sache zu sein, aber gleichzeitig eine Portion Lockerheit und Humor mitzubringen. Gemeinsames Lachen verbindet nicht nur, sondern erleichtert den Umgang mit manch schwerwiegender Situation.

Sprache ist natürlich nicht der einzige Aspekt, der eine Bedeutung für den hoffentlich erfolgreichen Verlauf eines Transformationsprozesses hat. Aber sie ist tatsächlich eine sehr unterschätzte und dabei sehr mächtige Stellschraube in einer Veränderung, welche bei umsichtigem Umgang einen sehr wertvollen Beitrag in der Wahrnehmung der Veränderung spielen kann.

Wir freuen uns immer über Feedback, Anekdoten oder Geschichte aus dem Arbeitsalltag, in der die Sprache ein Schlüsselelement war? Lasst uns gern daran teilhaben. Kontaktiert uns unter: info@apiarista.de auf.

Tal Uscher, Geschäftsführer Apiarista GmbH, ist studierter Betriebswirt und Wirtschaftsinformatiker. Die Organisation und Umsetzung von Veränderungsprozessen zieht sich wie ein roter Faden durch Tals 20-jährige Berufslaufbahn. Tal Uscher war bei namhaften Unternehmen wie Daimler, Kraft Jacobs, Altran, Airbus, Tele Columbus und Volkswagen tätig. Dabei war er sowohl für Organisations- und Innovationsprojekte als auch für Transformationsprojekte und das Personal leitend zuständig. Als mehrfacher Gründer und Coach bringt er zudem Startup-Expertise mit. In seiner Rolle bei Apiarista verbindet Tal Uscher sein Know-how aus der Corporate-und Startup-Welt. Er begleitet Teams bei der Einführung und Weiterentwicklung agiler Frameworks und Unternehmen und öffentliche Verwaltung beim Aufbau der agilen Organisation. Die Entwicklung von menschenzentrierten, nachhaltigen und erfolgreichen Organisationen spiegelt den Kern seiner Arbeit wider.

Nicole Röttger, Geschäftsführerin Apiarista GmbH, ist ausgebildete Pädagogin und studierte Betriebswirtin und Public Managerin. Sie verbindet Startup- und Corporateerfahrung mit Projekten in der öffentlichen Verwaltung. Sie war u.a. am Aufbau eines IT-Startups beteiligt, bevor sie für mehrere Jahre zur internationalen Consultingfirma BearingPoint ins Strategy and Business Transformation Team wechselte und dort u.a. das Bundesinnenministerium und den IT-Planungsrat begleitete. Bei Apiarista unterstützt sie die öffentliche Verwaltung auf ihrem Weg der Modernisierung und Bürgerzentrierung sowie mittelständische Unternehmen bei den Herausforderungen der digitalen Transformation. Schwerpunkte dabei sind die Einführung und kontextspezifische Adaption agiler Methoden sowie die Entwicklung reaktionsfähiger und moderner Organisationsstrukturen. Ihre private Leidenschaft gilt den Bienen und der Imkerei. Daher kommt auch der einzigartige Apiarista Honig, der z.B. auf einer ehemaligen Radarstation in Berlin produziert wird.

Die Apiarista GmbH ist eine innovative Beratung für Organisationsentwicklung, Transformation und agiles Management aus Berlin.

SWITCH – der Wechsel zu neuen, offenen Denk- und Handlungsmustern

Wie können wir unsere Denk- und Handlungsmuster verändern? Wenn wir unser Verhalten verändern wollen, eine alte Verhaltensweise ablegen und eine neue Verhaltensweise annehmen wollen, dann befinden wir uns während dieses Wechsels „dazwischen". Wir haben uns fest vorgenommen unser Verhalten zu verändern, weil wir zum Beispiel jetzt in einer anderen Rolle oder in einem anderen Team arbeiten. Oder wir haben das Unternehmen gewechselt, wir arbeiten in einem anderen Land als zuvor und vieles mehr. Aus unterschiedlichen Gründen möchten wir unser Verhalten ändern. Wir möchten uns etwas anderes aneignen. Wenn wir das neue Verhalten noch nicht ganz für uns etabliert haben, wenn wir noch nicht ganz im neuen Verhalten angekommen sind, wenn wir noch dabei sind, das alte Verhalten zu verlernen und das neue Verhalten zu erlernen, dann befinden wir uns „dazwischen". Und genau darum geht es in meinem Beitrag.

Eigene Muster reflektieren

SWITCH ist ein Akronym für ein halbes Dutzend Praktiken, die dabei helfen das eigene Verhalten zu verändern, zu „switchen". Ich habe sie aus der Schematherapie abgeleitet und wende sie selbst häufig in meinen Coachings und Moderationen an, wenn ich Teams oder einzelne Personen dabei begleite ihr Verhalten und ihre Denkweisen zu verändern.

Wir haben verschiedene Denk- und Verhaltensweisen, die wir bei unserer täglichen Arbeit im Team immer wieder anwenden. Sie funktionierten einige Male gut und haben sich dadurch zu einem Muster oder Schema ausgebildet. Unsere Denk- und Verhaltensweisen folgen unseren Prinzipien und Glaubenssätzen. Mit dem agilen Manifest sprechen wir von 12 agilen Prinzipien, die wir uns aneignen wollen. Wir wollen nach diesen Prinzipien arbeiten und sie etablieren. In unserer Umsetzung bringen wir diese Prinzipien in Denk- und Handlungsmustern zum Ausdruck. Diese Muster finden wir in allen agilen Praktiken wieder. Muster bilden die Brücke zwischen

Prinzipien und Praktiken. Sie sorgen dafür, dass wir die Praktiken wie Scrum, Kanban oder Open Space Technologie im Sinne der Agilität anwenden.

Wer Agilität anstrebt kommt um ein Reflektieren seiner eigenen Muster nicht herum, zum Beispiel im Rahmen der Retrospektiven und Lessons Learned. In der Retrospektive betrachten wir genauer, ob das beobachtbare Verhalten in die Richtung geht, die wir uns gewünscht haben, und ob es die erwartete Wirkung erzielt. Wenn sich Muster einschleifen, die wir nicht haben wollten, versuchen wir diese zu verändern. Unbeliebte Muster sind meistens Muster, die sich als Überlebensstrategien über einen langen Zeitraum hinweg etabliert haben. Es lohnt sich gerade hier genauer hinzuschauen, warum sich diese Muster entwickelt haben. Meistens hat das Unternehmen seine individuellen Strukturen, Regelungen, Prozesse und Gesetze, die wir versuchen zu erfüllen. Wir haben ein großes Bedürfnis gelobt zu werden, Zuspruch zu bekommen und möglichst wenig angemeckert oder getadelt zu werden. Die angeeigneten Muster sind genau die Überlebensstrategien, die diese Bedürfnisse im bestehenden Unternehmenskontext am besten erfüllen.

Zum Beispiel könnten wir beobachten, dass ein Team, welches Änderungen an einem Produkt vornimmt, diese Änderungen nicht in anderen Bereichen bekannt gibt. Dies geschieht nicht aus Faulheit, sondern, weil alle anderen Bereiche auf sie zukommen würden mit den Worten: „Wenn ihr diese Änderung plant, dann müsst ihr Budget für uns zur Verfügung stellen, damit wir unsere Prozesse und Produktkomponenten darauf anpassen können." Wenn das Team diese Änderung am Produkt verheimlicht, dann kommen irgendwann die anderen Bereiche des Unternehmens auf das Team zu und sagen: „Hat sich am Produkt etwas verändert?" und das Team antwortet mit „Ja, da hat sich was geändert. Ist aber schon länger her..." dann reagieren die anderen Bereiche selbst und nutzen ihr eigenes Budget, zur Problemlösung.

Die Muster, die sich in einem Team oder bei einzelnen Personen etablieren, sind hoch individuell und spezifisch. Wie im aufgeführten Beispiel, kann ein Muster in einem Team ein Problem sein und in anderen Teams liegt dieses Muster überhaupt nicht vor. Die Muster entwickeln sich häufig über Jahre hinweg und verfestigen sich. Um Muster zu verändern, sollte ich im ersten Schritt nicht den beteiligten Personen ins Gewissen reden und ein anderes Verhalten fordern, sondern ich sollte Änderungen an der Struktur und den Prozessen des Unternehmens vornehmen. Im genannten

Beispiel ist eine Anpassung der Abrechnungsprinzipien und der Budgetzuordnung auf Kostenstellen wirksamer. Die bestehenden Strukturen haben dazu geführt, dass das Team sich diese Überlebensstrategie angeeignet hat. Wenn die Teams und Bereiche nach verbrauchtem Budget bewertet werden, versucht jeder seine Kosten auf der Kostenstelle so gering wie möglich zu halten. Sie richten sich nicht danach aus, gut zusammenzuarbeiten und Kunden bestmöglich zufriedenzustellen, sondern möglichst wenig Kosten auf der eigenen Kostenstelle zu haben.

Wenn ich Veränderungen einleite, betrachte ich als erstes die bestehenden Strukturen. In den letzten Jahren habe ich aber auch gemerkt, dass es vielen Mitarbeitern und Führungskräften schwer fällt, sich in den veränderten Strukturen angepasst und neu zu verhalten. Entscheidet im genannten Beispiel eine Führungskraft die Abrechnungsnummern auf Kostenstellen abzuschaffen oder für eine kurze Zeit auszusetzen, dann zieht dies oft Anpassungsstörungen mit sich. Über Jahre angeeignete Muster stecken oft so tief unter der Haut, sind so sehr verfestigt, zur Gewohnheit geworden, dass es schwer wird, aus diesem Muster wieder auszubrechen. Manche Personen erleben ein Gefühl von Unsicherheit, weil die bekannten Strukturen Sicherheit vermittelt haben. Andere beginnen sich selbst Strukturen und Situationen zu schaffen, in denen das alte Verhalten weiter ausgeführt werden kann. Im Beispiel wurde der Abrechnungsprozess zwar offiziell abgeschafft, aber die Führungskraft des Bereiches hat seinen eigenen Mitarbeitern quartalsweise Budgetziele gegeben, die das alte Verhalten aufrecht erhielten.

Was sind typische eingeschliffene Muster bei dir oder in deinem Team? Was würdest du gerne in deiner eigenen Rolle oder im Team verändern? Was ist bei euch gerade relevant? Wo sagt ihr, das wollten wir schon seit langem verändern?

Beispiel: Wir wollten täglich die Stunde nach der Mittagspause für die eigene Themen-Abarbeitung nutzen und nicht für Meetings oder Telefonate. Jeder sollte in Ruhe ein paar Aufgaben abarbeiten können. Das haben wir uns schon oft vorgenommen, wir schaffen es aber nicht und halten das nicht durch.

Oder: Wir wollten nicht mehr sofort ans Telefon gehen, wenn jemand anruft. Wir wollten auch mal das Telefon ausschalten, damit wir in Ruhe arbeiten können. Aber das schaffen wir nie!

Was möchtet ihr gerne im Team verändern? Habt ihr eine kleine oder große Veränderung im Kopf, die ihr anstrebt? Dann behaltet diese Idee gern im Hinterkopf, während ihr weiterlest.

Grundzüge der Schematherapie

Hintergrund meiner Arbeit ist immer das Schema-Coaching, die kleine Tochter der Schema Therapie nach Jeffrey Young, einem Psychologen aus New York. Es ist eine Erweiterung der kognitiv, verhaltenstherapeutischen Ansätze und es betrachtet eben gerade die Muster, die wir uns angeeignet haben.

Jeffrey Young sagt, dass wir uns unsere Denk- und Verhaltensweisen irgendwann angeeignet haben, indem wir uns durch unsere Bewertung der unterschiedlichen Situationen immer wieder in ähnliche Stimmungen gebracht haben. Diese Bewertung und die daraus abgeleiteten Muster zeigen sich als Persönlichkeitszüge. Personen, die zu ihm in die Therapie kommen, haben oft den Wunsch, anders zu sein und ihre Persönlichkeit zu verändern. Im Arbeitsumfeld haben wir natürlich KEINEN Therapieauftrag und in manchen Fällen noch nicht einmal einen Coaching-Auftrag. Ein tieferes Verständnis über die Schema-Therapie und darüber, was in uns vorgeht und was wirklich dabei hilft unsere Denk- und Arbeitsweisen zu verändern, lohnt sich.

Wir benötigen eine starke Motivation, um einen gewissen Weg zu gehen. Unsere Motive gestalten die Art wie wir denken. Für eine starke Motivation müssen starke Emotionen vorliegen. Freude, Trauer, Ärger, Angst, Wut – Eine Emotion schafft Motivation und Motivation schafft Handlung. Diese Verkettung zeigt, dass wir ein starkes Gefühl benötigen, um eine starke Motivation zu entwickeln, die uns zu einem veränderten, neuen Verhalten führt.

Zur Veranschaulichung dieser Abhängigkeit folgt ein Gedankenexperiment. Während dieses Experiments beobachten wir uns selbst beim Denken. Das heißt, ist stelle gleich cine Frage, die jeder in Gedanken versucht zu beantworten. Während jeder im Kopf nach einer Antwort sucht, beobachtet jeder sich selbst dabei, welche Wege und Richtungen die Antwortsuche einschlägt. Sich selbst beim Denken zu beobachten ist nicht einfach, aber wir probieren es. Die Frage lautet: In wen warst du als erstes so richtig verliebt? Wer war deine erste große Liebe?

Das ist sehr spannend, was unser Gehirn dann macht. Als erstes muss es kognitiv diese Frage verwalten, die einzelnen Worte prüfen und für sich herausfinden, was es tun muss. Danach beginnt es kognitiv zu suchen. D.h., wir rattern unseren inneren Karteikasten durch und denken: „Das muss ja weit in der Vergangenheit liegen." Der innere Karteikasten läuft weiter. *rattarattaratta*.

„Also erst mal weit nach vorne Spulen. Schulzeit, bestimmt in der Schulzeit, da finde ich doch jemanden." Wenn wir dann in unserem Karteikasten an die richtige Stelle gegangen sind, dann fangen wir an emotional, bildhaft zu denken. Dann versuchen wir uns diese Person vorzustellen und haben auf einmal Gesichter vor uns. Wir spüren in uns hinein, und versuchen herauszufinden, welche Gefühle damals da waren und bewerten, ob wir das aus der heutigen Sicht als erste große Liebe, als Verliebtheit bezeichnen würden. Auf das Wechseln zwischen Kognitivem und Emotionalem kommt es an. Der Gedanke wechselt munter zwischen unseren beiden Gehirnhälften hin und her, die sich jeweils einen kognitiven oder emotionalen Schwerpunkt gegeben haben: „Nein, noch mal, die Person ist es nicht. Das war kein Verliebtsein. Ich muss weiter suchen." *rattarattaratta*

Dieses Hin-und-her-Springen ist wichtig, wenn ich meine eigenen Muster entdecken möchte. Die Verknüpfung zwischen der emotionalen und der kognitiven Komponente ist für das Schema-Coaching essentiell. (Mehr zu den psychologischen Details findest du in den Literaturquellen.)

Wir können die Verknüpfung von Emotionen, Bewertungen und Handlungen direkt nutzen, wenn wir agile Ansätze, New Work und andere Formen des Organisationsdesigns in unserem Umfeld reflektieren. Im Open Leadership Network machen wir uns vertieft Gedanken darüber, welche Denk- und Handlungsmuster den agilen Werten und Prinzipien entspringen. Wir haben acht Open Patterns, offene Muster identifiziert, die die Schlüssel sind, um den agilen Prinzipien entsprechend zu handeln und um die agilen Praktiken wie Scrum angemessen umzusetzen.

Ähnlich wie bei der Frage „Wer war deine erste große Liebe?" können wir uns selbst beim Denken beobachten, wenn wir uns fragen: „Welche dieser offenen Muster finde ich in meinem Arbeitsalltag wieder? Wann habe ich dieses offene Muster oder das genaue Gegenteil zum letzten Mal bei uns erlebt?"

Die Open Patterns der Business Agilität

Die acht Open Patterns in der Abbildung 18 sind der Schlüssel zu echter Business Agilität.

Abbildung 18: Open Patterns der Business Agilität

Das wichtigste Muster ist „Leadership Invitation", Führen mit Einladung. Wolf Lotter berichtete in seinem Beitrag, dass der Schlüssel zu einem erfolgreichen Unternehmen im Engagement der Mitarbeitenden liegt. Das Muster der Führung mit Einladungen möchte echte Einladungen zum Mitgestalten an Mitarbeitende aussprechen. Diese Einladungen vermitteln ein klares Ziel, Spielregeln, ein Gefühl für Fortschritt und sie sind freiwillig. Im Gegensatz zur Anordnung oder Vorladung sind Einladungen freiwillig. Die Einladung wird von den Mitarbeitenden angenommen, die motiviert sind, sich intensiv zu engagieren. (Video dazu auf www.miriamsasse.de/Video).

Das zweite Muster heißt „Clarity of Authorization", Klarheit über die Autorisierung. *Wer ist wirklich für die Ausübung einer Aufgabe autorisiert? Wer darf entscheiden? An welchen Personen orientieren wir uns? Wer ist formell oder informell autorisiert, Themen voranzubringen?*

Menschen, an die wir uns für einen Rat wenden, werden von uns autorisiert, sich in unser Thema einzubringen. So manche Autorisierungen werden gar nicht offiziell erteilt, z.B. dass wir das Büro unseres Chefs für Gespräche und Telefonate nutzen, wenn er nicht da ist. Die Klarheit darüber, wer welche Autorität geniest und wer Orientierung schafft, ist ein wichtiger Aspekt bei allen agilen Praktiken, die wir umsetzen. Bei Scrum zum Beispiel gibt es den Product Owner, der die Verantwortung aber auch die Befugnis hat, das Product Backlog zu befüllen und zu priorisieren. Dem Management muss klar sein, dass dies seine Verantwortung aber eben auch Befugnis ist, dies zu tun. Sie dürfen diese Autorität nicht untergraben, die Klarheit über die Autorisierung muss bestehen.

Ein weiteres Muster sind „Interaction Protokolls", Interaktionsprotokolle. Alle Maschinen, vor allem Computer arbeiten mit Protokollen, über die sie mit anderen Systemen kommunizieren. Menschen nutzen bewusst und unbewusst ebenfalls Protokolle, um zu kommunizieren.

Wir merken die existierenden Protokolle zum Beispiel dann, wenn wir in ein neues Unternehmen, neues Team oder neues Land kommen. *Wie begrüßt man sich hier? Spricht man Probleme bei dieser Veranstaltung direkt an? Welchen Ablauf hat ein Regelmeeting hier?*

Überall finden wir andere Protokolle der Zusammenarbeit und Kommunikation.

Wenn wir bei Scrum dem Daily die Struktur geben, dass reihum jeder drei Fragen beantwortet: *Was habe ich gestern zum Sprint Ziel beigetragen? Was trage ich heute zum Sprint Ziel bei? Was behindert mich?* – Dann sind das Interaktionsprotokolle, die es ermöglichen einfacher und klarer zu kommunizieren. Desto komplexer und dynamischer das Umfeld ist, in dem ihr wir uns bewegen, desto wichtiger werden Interaktionsprotokolle. Feuerwehr und Rettungsdienst haben deutschlandweit die gleichen Interaktionsprotokolle, damit bei hoher Dynamik die Kommunikation gelingt. Sie schaffen selbst in stressigen Situationen ein Gefühl von Sicherheit und Vertrautheit.

Das Muster „Empirical Approach", empirische Ansätze ist ein Grundmuster in der Agilität. Wir probieren Neues aus, experimentieren, bewegen uns in kleinen Schritten auf eine Lösung zu. Mitarbeiter und Führungskräfte wissen die große Kraft der empirischen Ansätze zu schätzen und fordern bei hoher Dynamik iteratives Vorgehen statt langfristigen Plänen ein.

Das Muster „Common Knowledge", gemeinsames Wissen, bedeutet, wir behalten unser Wissen nicht für uns, sondern wir teilen unser Wissen mit der Gemeinschaft. Dies ist die Grundlage dafür, dass wir als Team zusammenarbeiten können. In jedem Team, jedem Projekt geht man davon aus, dass ein gewisser Umfang an Wissen bei jedem vorliegt. Verschiedene Rituale zum Austausch, Meetings, Kommunikationstools sollten allen zur Verfügung stehen, damit dieses Wissen verbreitet werden kann.

Das Muster „Whole Group Process", Gesamtgruppenprozess, bringt alle Mitglieder im Team und in der gesamten Organisation in eine echte Zusammenarbeit. Wir nutzen co-located Teams, große Gruppenevents und Moderationsmethoden wie die Liberating Structures.

Hierzu gehören auch Open Space Technologie, Barcamps und Zukunftskonferenzen, die die Mitarbeitenden zum Mitgestalten der Themen und der gesamten Organisation einladen. Alle Mitarbeitenden werden eingeladen, ihr Potential, ihr Wissen und ihr Engagement einzubringen. Statt einen kleinen Kreis an Führungskräften oder externen Beratungsfirmen die Zukunft des Unternehmens entscheiden zu lassen, wird dies bewusst in die Hände aller gelegt, die sich engagieren möchten.

Das Management der Grenzen, „Boundary Management", beschreibt die Formulierung der Leitplanken in der Organisation, zwischen denen sich Teams selbstorganisiert bewegen können. Grenzen werden gezogen, um einen Handlungsraum aufzuzeigen. Desto klarer hinsichtlich Zeit, Raum, Ressourcen, Territorium, Budget etc. Grenzen formuliert werden, desto besser kann ich mich zwischen diesen Leitplanken selbst organisieren und selbst bewegen. Leitplanken vermitteln ein Gefühl von Sicherheit und stiften zu Innovationen an, innerhalb dieser Bedingungen etwas kreativ umzusetzen. Dafür müssen die Grenzen nicht zu eng und nicht zu weit abgesteckt werden, sie müssen veränderbar, aber nicht beliebig sein. Konflikte, die an und wegen diesen Grenzen aufkommen, müssen offen diskutiert und hinterfragt werden dürfen. Das letzte Muster sind explizite Vereinbarungen, „Explicit Agreement". Natürlich kann nicht alles explizit vereinbart werden. Das würde zu lauter Micro-Entscheidungen führen. Hier geht es darum zu reflektieren, wie stark das Umfeld reguliert ist, in dem man sich bewegt, und ein angemessenes Maß zu finden.

Wie viele Befehle, Arbeitsanweisungen und Verträge gibt es? Werden Themen wie das Arbeiten mit Scrum in einem Team explizit vereinbart? Vielleicht sogar mit offizieller Freigabe und 10 Unterschriften? Oder hat das nie jemand explizit vereinbart und es wird ständig in Frage gestellt? Welche Versprechen werden gemacht, dann aber nicht eingehalten? Welche Vereinbarungen scheinen für neue Mitarbeitende nicht zu gelten?

Bedürfnisse im Schema-Coaching

Warum bekommen wir das eine oder andere Open Pattern nicht umgesetzt? Warum stecken wir in Mustern fest, die wir schon lange loswerden wollten?

Im Schema Coaching schauen wir genau auf die Bedürfnisse, die diesen Mustern zugrunde liegen.

Professor Klaus Grawe postuliert fünf Bedürfnisse, die hinter unseren Mustern stecken: Zugehörigkeit, Selbstwerterhöhung, Streben nach Lust, Kontrolle nach innen und Kontrolle nach außen. Wenn wir uns gegen eine Veränderung wehren, oder wenn wir merken, dass uns eine Veränderung schwerfällt, dann ist eines dieser fünf Bedürfnissen nicht erfüllt oder bedroht. Wenn ich zum Beispiel die Rolle des Scrum Masters annehme, dann fühle ich mich nicht mehr den Projektleitern oder Teamleitern zugeordnet, denen ich vielleicht vorher angehört habe. Meine Bindung und Zugehörigkeit zu dieser Gruppe ist bedroht. Mein Bedürfnis nach Kontrolle nach außen ist bedroht, wenn von außen bestimmt wurde, dass ich das machen muss. Es wurde über mich bestimmt, dass ich Scrum machen und die Rolle des Scrum Masters einnehmen muss. Wenn ich selbst bemerke, dass ich nicht diszipliniert genug für diese Rolle bin, dann habe ich die Kontrolle nach innen nicht. Ich habe nicht die Kontrolle über mich selbst, ich habe nicht genug Disziplin. Auch mein Selbstwert kann sinken, wenn das worüber ich ihn definiere verschwindet. Auf einmal bin ich nicht mehr diejenige, die zu Managementrunden eingeladen wird, habe keine Aufstiegsmöglichkeiten, kann mein bisheriges Wissen nicht mehr gebrauchen. Hinzu kommt, dass die Aufgaben eines Scrum Masters mir keinen Spaß machen könnten. Retrospektiven moderieren, anderen bei ihrer Weiterentwicklung zu helfen, mit Führungskräften über Hindernisse bei der Arbeit diskutieren – darauf haben manche sicherlich keine Lust. Sie werden sich deshalb dafür einsetzen, diese Unlust zu vermeiden.

Bedürfnisse, die nicht erfüllt werden, sorgen für Ablehnung. Manchmal ist diese Ablehnung auch unbewusst und wir bemerken nur an unseren Denk- und Verhaltensmustern, wie wir uns selbst ein Bein stellen und die Umsetzung selbst verhindern.

Diese Bedürfnisse wirken nicht nur bei Einzelpersonen, sondern auch in ganzen Teams. Es kann vorkommen, dass ein Bedürfnis bei den einzelnen Teammitgliedern erfüllt ist, aber nicht bei dem Team im Ganzen und umgekehrt. Beim Coaching eines Teams können diese Bedürfnisse dann wahrgenommen werden, wenn das Team als Ganzes agiert. Für Einzelpersonen und Teams schauen wir uns nun zwei Beispiele an, die mit den folgenden Worten erzählt werden könnten:

Zwei Beispiele für Musterwechsel

Wechsel des Führungsmuster zur Führung mit Einladungen

>> Als Führungskraft möchte ich eine Aufgabe nicht delegieren, sondern meine Mitarbeitenden zum Mitgestalten einladen. Dafür kann ich eine passende Struktur schaffen, die richtigen Personen einladen, die Einladung gut formulieren, die Rahmenbedingungen gut formulieren. Obwohl alle Aspekte bedacht sind, kann ich dennoch in gewissen Situationen als Führungskraft zurück in mein altes Muster fallen und doch Anweisungen geben oder gar befehlen. Immer wieder spreche ich als

Führungskraft eine Einladung aus und merke, wie in diesem Moment mein Inneres rebelliert und Gestik, Mimik und Worte erzeugt, die meinem Mitarbeitenden klar ausdrücken: „Eigentlich will ich, dass du das machst. Eine Absage nehme ich dir übel." Hinterher sitze ich da und denke: „Mist, das war jetzt doch nicht das Grundprinzip einer Einladung. Da ist doch jetzt wieder dieses alte Delegations-Ich mit reingerutscht, da schwingt es doch wieder mit." <<

Wechsel des Teammusters zu Gesamtgruppenprozessen

>> In unserem Team hat früher jeder für sich gearbeitet, jeder hat seinen eigenen Teil der Arbeit erledigt ohne große Schnittmengen mit anderen im Team. Wir kamen auf die Idee, dass es sinnvoll wäre, wenn wir die Silos aufbrechen und ein großes crossfunktionales Scrum-Team werden. Wir wollen siloübergreifend zusammenarbeiten. Das Management hat das auch genehmigt. Eigentlich sind wir ein tolles Team, wenn da nicht immer wieder solche merkwürdigen Situationen aufkommen. Wie im letzten Review, der Kunde ist zu Besuch. Wer steht vorne und berichtet dem Kunden die Ergebnisse? Ich, der Product Owner, der früher Projektleiter war. Alle Entwickler, die mit im Raum sitzen, sitzen an ihren Rechnern und tippen fleißig weiter. Sie programmieren, sind gar nicht wirklich im Raum anwesend und beteiligen sich nicht. Fragen, die ich an das Team stelle, werden nicht beantwortet oder schnell abgewimmelt mit „Eben hat das noch funktioniert." Hinterher komme ich als Product Owner auf unser Team zu und sage: „Liebe Leute, das war jetzt aber keine Gruppenarbeit. Da habe ich mich total alleine gefühlt. Da hat wieder jeder für sich gearbeitet. Wir haben nicht am gleichen Strang gezogen." Und ehrlich gesagt, es gibt viele Situationen, wo ich genau dieses Gefühl habe: Bei uns ist jeder alleine unterwegs.<<

Diese zwei Beispiele sind keine Sonderfälle, sondern sie kommen in vielen Unternehmen vor. Eigene Beispiele für Muster sind oft schnell gefunden. Ob nun direkt die Open Patterns als Muster wiederzuerkennen sind, wie hier „Inviting Leadership" und „Whole Group Process" oder eigene Muster entdeckt werden: SWITCH bietet Praktiken, um die Veränderung wie diese zu begleiten.

Die Praktiken in SWITCH

Switch begleitet einen Wechsel von Mustern, der von starken Widerständen begleitet sein kann. Der Schalter, um zwischen dem alten und dem neuen Muster zu wechseln, kann zurück flippen. Dieses Zurückflippen kann als Rückschritt aber auch als Schwungholen wahrgenommen werden. Wird es als Rückschritt wahrgenommen, kann es passieren, dass die beteiligten Personen aufgeben oder zu krampfhaft versuchen sich das gewünschte Muster anzueignen. Wer es stattdessen als Schwungholen wahrnimmt, kann trotz Ärger über das alte Verhalten die Energie aus den Emotionen in die richtigen Kanäle leiten und eine Musterveränderung erreichen. Ganz nach dem Prinzip: Emotion schafft Motivation, Motivation schafft Handlung. Jeder Musterwechsel braucht Emotionen, um nachhaltig zu sein. Jede einzelne SWITCH Praktik dient dazu, die Emotionen, die mit dem Musterwechsel einhergehen, zu erkunden und ihre Kraft zu nutzen.

Hinter SWITCH steckt ein Akronym:

S   - Selbsteinschätzung
W   - Wirkungsworkshop
I   - Imagination
T   - Theater
C   - Chop & Change
H   - Hausaufgabe

In der **Selbsteinschätzung (S)** befinden wir uns, wenn wir beginnen die Open Patterns und die Bedürfnisse zu reflektieren und auf unser Arbeitsumfeld und unser Team zu übertragen.
Um sich noch besser auf die Schliche zu kommen, gibt es zu den Open Patterns umfangreiches Lesematerial und eine Checkliste für die Bedürfnisse mit verschiedenen möglichen Ausprägungen, sogenannten Modus, in denen die Bedürfnisse erkennbar werden.

Der **Wirkungsworkshop (W)** ist ein Workshop, um für eine konkrete Situation die Wirkung der Situation auf uns als Person genauer zu beleuchten. Beim Gedankenexperiment „Erinnere dich zurück an deine erste große Liebe" konnten wir die Wirkung bereits an uns selbst beobachten. Wir erinnern uns detailliert zurück an Situationen, haben Bilder vor Augen, spüren die Wirkung, die die Situation auf uns hat, und beobachten die aufkommenden Gefühle. Desto detaillierter wir uns mit allen Sinnen an eine konkrete Situation zurückerinnern, desto mehr Gefühle können wir erinnern und hervorrufen.

In der **Imagination (I)** beschreiben wir genauso detailliert und mit allen Sinnen, wie die Situation im Idealfall sein sollte. *Was würde in unserer Wunschvorstellung passieren, was würde wer sagen und wie würde das Umfeld reagieren? Welche Gefühle ruft diese Wunschvorstellung hervor?*

Auf der Konferenz in_between 2021 haben wir vom Scharlatan Theater verschiedene Beispiele für **Theater (T)** sehen dürfen. Verschiedene Situationen können nachgespielt oder vorgespielt werden. Dabei schlüpfen die Personen in unterschiedliche Rollen und Perspektiven. Nur kleinste Veränderungen, zum Beispiel die Stärke, in der eine Person Respekt oder Status zum Ausdruck bringt, können die gesamte Szene verändern. Allein wenn die Situation von verschiedenen Personen nachgespielt oder die Wunschsituation vorgespielt wird, führen die unterschiedlichen Erinnerungen, Wahrnehmungen, Stimmungen, Bedürfnisse und Ausdrucksformen zu wichtigen Fragen, Diskussionen und Erkenntnissen.

Bei **Chop & Change (C)** setzen wir bewusst Strukturen und Handlungen ein, um das ungewünschte Denk- oder Verhaltensmuster zu unterbrechen und zu verändern. Das kann ein Anker sein, der an das gewünschte Verhalten erinnert, wie ein Knoten im Taschentuch oder ein Klebezettel am Kühlschrank. Oder eine alternative Handlung wie zum Beispiel: Ich möchte in Online-Meetings weniger Redeanteil für mich beanspruchen und anderen mehr Raum geben und schalte deshalb das Mikrofon bewusst auf Mute und schiebe den Laptop weiter weg. Zu diesen Musterunterbrechern oder Ankern zählt alles Mögliche, auch der Klassiker „Erst mal bis 10 zählen und dann handeln".

Die **Hausaufgaben (H)** sorgen dann für eine Nachhaltigkeit des neuen Verhaltens. Wöchentliche kleine To-Dos zum Üben oder das Schreiben eines Logbuchs können solche Hausaufgaben sein.

Schema-Coaching oder Schema-Therapie haben ihre Wurzeln in der modernen kognitiven Verhaltenstherapie. Dabei bedient sie sich vielfältiger Ansätze aus der Psychoanalyse, der Kognitionswissenschaft, Hypnotherapie, dem Psychodrama, Gestalttherapie und der systemischen Therapie. Dr. Jeffrey Young zeigte in umfangreichen klinischen Studien, dass Veränderungen von Denk- und Verhaltensmustern im Kleinen wie im Großen, bei schweren Persönlichkeitsstörungen, erfolgreich begleitet werden können. Statt auf fachliche psychologische Details einzugehen, betrachten wir die zwei Fallbeispiele bei der Anwendung von SWITCH.

Anwendung auf die Fallbeispiele

Für die **Selbsteinschätzung** nutzte ich in den Fallbeispielen zwei unterschiedliche selbst erstellte Reflexionsfragebögen: einen Fragebogen für Einzelpersonen und einen für Teams.
Die Fragen sind in beiden Fragebögen nach Bedürfnissen sortiert und beschreiben je Bedürfnis verschiedene Modi, Ausprägungen, die ein Bedürfnis bedrohen. (Die Fragebögen sind über eine Mail an mail@miriamsasse.de erhältlich.) Sie können zur Selbstreflexion oder zur begleiteten Reflexion mit einem zertifizierten Coach genutzt werden. Die Skala der Fragebögen hat bewusst keinen Bewertungs- oder Auswertungskatalog, da beides sehr situations- und personenspezifisch mal höher und mal niedriger ausfällt. Dies ist nur von den Beteiligten selbst als besser oder schlechter zu bewerten.
Im zweiten Fallbeispiel bewertete der Product Owner das Bedürfnis der Zugehörigkeit und Bindung im Team als nicht erfüllt. Die Modi emotionale Vernachlässigung, Entbehrung und Verlassenheit schätzte er alle als zutreffend ein. Fragen wie

„Mitglieder des Teams verlassen häufig das Projekt" und „Das Management spendet dem Team nur wenig Aufmerksamkeit" wurden auf der Skala hoch bewertet.

Im ersten Fallbeispiel bewertete die Führungskraft ihr Bedürfnis für Kontrolle nach außen als nicht erfüllt. Versagensängste und die starken Verstrickungen bringen in stressigen Situationen das alte Delegationsverhalten hervor.

Im **Wirkungsworkshop** stellten wir uns in beiden Fällen die jeweilige genannte Situation sehr detailliert vor. Dabei arbeite ich gerne mit Bildkarten, die für unterschiedliche Situationen oder für unterschiedliche Szenen in der Ist- und der zukünftigen Soll-Situation ausgesucht werden. Aus einem großen Set unterschiedlicher Smileys können für aufkommende Gefühle passende Smileys dazugelegt werden. Im ersten Fallbeispiel wählte die Führungskraft ein Organigramm-Bild für die Ist-Situation und ein Einladungs-Bild für die Soll-Situation aus. Im zweiten Fall suchte das Team ein Bild mit einem schweren Rechner für die Ist-Situation und einen Tisch mit vielen Menschen für die Soll-Situation aus. Allein die Bildauswahl sorgt für guten Austausch und verschafft einen Eindruck über die starken Muster und die Wirkung der Bedürfnisse. Im ersten Fallbeispiel bemerkte die Führungskraft, dass sie keine Kontrolle darüber hat, wer die Einladung annimmt und wer nicht. Weil das Bedürfnis nach Kontrolle nach außen grundsätzlich als wenig erfüllt eingestuft wurde, konnte dieser zusätzliche Schritt in Richtung weniger Kontrolle nicht gegangen werden.

Beim zweiten Fallbeispiel haben mehrere Teammitglieder ihren Selbstwert in Gefahr gesehen, wenn sie Teile der Kundenpräsentation übernehmen sollen. Die Einführung von Scrum im Team hat das Bedürfnis nach Kontrolle nach innen reduziert. Fragen zur Anspruchshaltung und Selbstdisziplin wurden im Team heiß diskutiert. Alle fühlten sich sehr gefordert. Was in stressigen Situationen wie Einzelkämpfertum wirkte, war für viele eine notwendige Konzentration.

Die Situationen genau zu imaginieren oder nachzuspielen war in den Beispielfällen für die Beteiligten eine neue Erfahrung. **Imagination und Theater** waren sehr spannend und benötigten nicht viel Zeit, da wir uns sehr auf Schlüsselmomente konzentrierten und diese sehr kleinen Momentaufnahmen sehr achtsam spielten und veränderten.

Im ersten Fallbeispiel sagte die Führungskraft: „Immer, wenn es stressig wird, fange ich an zu delegieren. Dann vergesse ich, dass ich einladen wollte." Wir nahmen deshalb die stressigste Situation, an die die Führungskraft sich erinnern konnte. Genau diese Situation und genau diese Aussage haben wir sehr genau betrachtet: *Wann wird es stressig? Wann fängst du genau an zu delegieren? Was war genau dieser Punkt, wo das gewechselt hat? Wo fängt das genau an, wo du einladen wolltest aber dann delegiert hast? Wann hast du „vergessen" (Wortwahl der Führungskraft!), dass du einladen wolltest? Wie sieht das Vergessen aus? (= der Schlüsselmoment)*

Im zweiten Fall wurde ein Kundentermin ausgewählt, bei dem „geschludert" wurde. Wer im Team hat das als „Schludern" wahrgenommen? *Wer hat was gesagt, wo hingeschaut, wie auf dem Stuhl gesessen? Was wurde und wer hat weitergearbeitet? Wie sieht „Schludern" für dich aus was ist für dich Schludern? Wo hast du das in dieser konkreten Situation gemerkt? (= Schlüsselmoment) Bei welchem Kopfnicken oder bei welchen Blick? Was hast du gespürt, wo im Körper hast du das gespürt? Wenn das nicht „Schludern" ist, was ist es dann?* – nach einigen klärenden Fragen wurde die Situation immer wieder neu imaginiert oder gespielt. Innere Wahrnehmungen, Vorstellungen, Emotionen, Körperabläufe, innere Dialoge und innere Bilder werden aufmerksam und achtsam wahrgenommen, was zu einem tieferen und steuerbareren Kontakt mit den eigenen Erlebnisprozessen führt.

Chop & Change ist der Moment, wo wir den Vorhang des (Business-) Theaters aufziehen, große Hindernisse und Ablenkungen zur Seite schieben, die Türen zur Hinterbühne öffnen und sagen: In diesen Schlüsselmomenten wollen wir zukünftig das alte Muster stoppen.

Für den ersten Fall hat sich die Führungskraft in einer Coachingsitzung zwei Handlungsstränge für Interventionen erarbeitet. Erstens möchte sie Strukturen schaffen, die ihr Bedürfnis nach Kontrolle nach außen besser befriedigen, so dass sie dieses Bedürfnis weniger in der Delegation von Aufgaben suchen muss. Dazu zählte die Abgabe eines Aufgabenbereichs an eine andere Führungskraft, die Einführung eines persönlichen Kanbanboards für mehr Transparenz und, dass die Führungskraft neue Aufgaben und Prioritätsänderungswünsche nur noch montags und nicht jederzeit zulassen wird. Zweitens möchte sie verschiedene Anker ausprobieren, um sich im passenden Moment an das einladende Führen zu erinnern und am Anker festzuhalten. Dazu zählte eine Einladungskarte als Symbol an der Pinnwand und eine ganz bestimmte Handhaltung, ähnlich eines Händeschüttelns mit sich selbst, um diese Körperhaltung als Kraftspender durch Aufrufen positiver Erinnerungsemotionen zu nutzen.

Für jeden sind die Chop & Change Ideen sehr individuell. Es ist wichtig, dass die zu coachende Person oder das Team diese Ideen selbst erarbeiten oder aus einem großen Angebot an Möglichkeiten selbst auswählen. Auf diese Weise ist die Akzeptanz und Nachhaltigkeit größer.

Im zweiten Fall haben die Teammitglieder sich überlegt, dass sie in der nächsten Review etwas andere Kleidung anziehen möchten. Nicht weil sie glaubten, irgendeine Norm oder Konvention erfüllen zu müssen, sondern weil sie sich durch eine andere Kleidung daran erinnern wollten, dass sie in eine andere Situation sind. Eine andere Kleidung sorgt für ein anderes Körpergefühl und kann dadurch wie ein Anker für neues Verhalten wirken. Nur für die nächste anstehende Kundenpräsentation haben sich alle darauf eingelassen, die Rolle eines Moderators und Vortragenden einzulassen. Um sich in der Situation kompetent zu fühlen, haben sie alle gemeinsam ein Drehbuch für die Kundenpräsentation geschrieben. Verschiedene Stichworte wie „meine Kollegin / mein Kollege" dienten als Muster-Magnet während der Präsentation. Beim vorherigen Üben gab es eine Theatervariante, in der jedes Mal, wenn das Wort Kollege / Kollegin fällt, geklatscht werden sollte. Dies sorgte im Team für einen solchen Energieschub, dass sie sich dieses Gefühl beim Wort Kollege / Kollegin beibehalten wollten.

Alle Chop & Change Handlungen werden nur eine gewisse Zeit lang ausgeführt und irgendwann wieder weggelassen, wenn das gewünschte Muster zur Gewohnheit geworden ist.

In beiden Fallbeispielen wurden auch **Hausaufgaben** genutzt. Im ersten Fall, bekam die Führungskraft Wochenaufgaben wie: Videos zum Thema Inviting Leadership anschauen, einen Blogartikel lesen, Formulierung verschiedener Einladungstexte, Diskussion mit anderen Führungskräften über einladendes Führen, einen Mitarbeiter auf einen Kaffee einladen, Mitarbeitende zu einem freiwilligen Workshop einladen, zur Mitgestaltung eines Projektes einladen, zur Übernahme einer Aufgabe einladen usw. Wöchentlich wurde in kurzen 30minütigen Coachingsitzungen über die Erfahrungen mit Einladungen reflektiert.

Im zweiten Fall legte das Team ein gemeinsames Logbuch an, in das es jede Woche während der Coachingsitzung ein gemeinsames Erlebnis im Team beschrieb. Dies konnten gemeinsame Meetings mit unterschiedlichem Format sein, Workshops zu den Erwartungen an den Schnittstellen zu anderen Teams, Frühstücksrunden, Ausflüge, Arbeitskreise oder Termine zur gegenseitigen kollegialen Beratung. Das Logbuch bekam irgendwann ein selbst gemaltes Cover „Gemeinsam erreichen wir mehr" und es kristallisierten sich im Team wie von selbst gemeinsame Ziele, gemeinsame Themen und eine intensive Zusammenarbeit an Schnittstellen heraus.

Beide Fallbeispiele wurden standardmäßig nach einigen Wochen mit einer Retrospektive über das Erreichte und einer Evaluation des Coachings abgeschlossen.

Die Zeit „dazwischen", im Wandel von alten zu neuen Denk- und Handlungsmustern, wird durch SWITCH tiefgreifend begleitet. An die neu geschaffene Unternehmensstruktur können sich Personen mit den Open Patterns und anderen neuen Mustern erfolgreich anpassen. Um auch zukünftige Muster im kontinuierlichen Wandel gewandt zu wechseln, sorgt SWITCH für ein vertrauensvolles und stabilisierendes Coaching. Auch wenn die Signale für Veränderung auf uns einprasseln, fördert SWITCH die Wandelbereitschaft und Wandelfähigkeit von Einzelpersonen und Teams.

Dr. Miriam Sasse begleitet Sie zur Höchstleistung in turbulenten Zeiten. Die promovierte Maschinenbauerin, zertifizierte Business Coach, Buchautorin und Chapter-Lead der agilen Transformation in einem internationalen Medienkonzern widmet sich den Themen Agilität, Resilienz, Organisationsdesign und Transformation. Sie zeigt in ihren Vorträgen, dass Führung und Organisationsdesign neu gedacht werden müssen, um agile und resiliente Unternehmen zu gestalten. Auf der Suche nach der besseren Arbeitswelt bricht sie die Grenzen des klassischen Denkens: Mitarbeitende freiwillig partizipieren lassen und Probleme transparent machen, um Talente zu provozieren. Zu ihren Büchern gehört das OpenSpace Agility

Handbuch und die Anthologie Agile Short Stories über 49 Geschichten über das Agilwerden und Agilbleiben. Sie ist Regionalgruppenleiterin der GPM sowie Dozentin an verschiedenen Hochschulen.

• Jeffrey E. Young, Janet S. Klosko und Marjorie E. Weishaar: Schematherapie. Junfermann Verlag 2008.
• Eckhard Roediger: Praxis der Schematherapie. Schattauer Verlag 2011.
• Eckhard Roediger: Raus aus den Lebensfallen. Junfermann Verlag 2011.
• Björn Migge: Schema-Coaching – Einführung und Praxis. Beltz Verlag 2013.
• Daniel Mezick und Mark Sheffield: Inviting Leadership: Invitation-Based Change™ in the New World of Work. Free Standing Press 2018.
• Daniel Mezick, Joachim Pfeffer, Miriam Sasse et al.: Das OpenSpace Agility Handbuch: Organisationen erfolgreich transformieren: gemeinsam, freiwillig, transparent. Peppair Verlag 2019.
• Miriam Sasse: LEAD – Resiliente Organisationen durch einladende Führung. Peppair Verlag 2022
• Miriam Sasse: Open Patterns: Denk- und Handlungsmuster für echte Business Agilität. Peppair Verlag 2022. (erscheint in Kürze)

The world we live in is changing at an ever increasing rate. But it is not only the rate of change that is a constant challenge for management, it is also the fact that the world is moving closer together (no matter whether physically or virtually) and this brings about a good mixture of cultures, varying working models and procedures that have to be brought together and consolidated in a way that the best of all worlds finds its way into the overall strategy. We must create human environments that enable us to be collaborative and thus help us find creative, customer-centric approaches.

For me, the most exciting developments are to be found in companies that know: no matter which methodology we choose for the cooperation in our teams, we notice one thing: the need for real human interactions! We work in agile environments not only "in the box" (on computers, with social-collaborative tools, etc.), but much more with each other in person. Example my current job: we are a digital company, but for the biggest part our work is not done in the computer, but through human interactions, and through much more handwriting than one would initially expect.

And finally this digital age, we must also have the courage to not want to digitalise everything. Digitalisation is not synonymous with innovation.

It's more about how we are using the real world and human nature to organise the right environment to create and consistently improve the use of technology. And in the end that translates into truly innovative and customer-oriented products and services.

DRAWN TOGETHER

For example, the massive growth of agile practices means that collaborative meetings are becoming more and more popular in companies of all sizes and industries. We are moving away from standard meetings with a spokesman, a minute-taker, and throngs of people sitting around a table with no real contribution. The new way is to get out of the meeting chairs and stand against the wall together, pick up pens, draw your concepts together in pictures or diagrams, and in this way understand the topic and each other better.

I've always been a big fan of doodling and putting ideas on paper – especially when discussing complex ideas with others. And it's no wonder that Scribes have become a so welcome role at conferences, seminars and workshops all over the world. They manage to capture the essence of the wealth of information of these events in a way which all participants immediately understand.

Abbildung 19: Drawn together

In the company I work for, we work together on walls, we stand around in groups to discuss and agree. Our tools are sticky notes and sharpies. We treat our walls with paint that allows us to write on them together and commonly design and communicate our structures, procedures, backlogs or cultural aspects. Are we like the Cavemen of old? That's possible. Like the ancient Egyptians with the hieroglyphs, and the Norsemen with their Runestones? The main thing is that it contributes to gaining a common understanding. And it works. It leads to an increased transfer of knowledge, reduces blockades, and generates a better understanding of common goals. Drawings help us to understand things that are familiar to us, and even in their most rudimentary form they invoke something in our brains which fosters the emotional connection we need to understand and even accept.

Abbildung 20: Without closeness, we are doomed...

WITHOUT CLOSENESS, WE ARE DOOMED...

A bit of an extreme statement, I admit. But we all know that successful teams need more than processes, tools, and premises in order to survive. Just as we humans need the "cuddle-hormone" oxytocin which actually strengthens trust and promotes social bonding, a team that can be close, sympathetic and empathetic will work together more successfully.

Since people subconsciously tend to follow the law of proximity, we could also use this to our advantage. The proximity of the team members has potentially important effects on the common work – it leads to an increased knowledge transfer, reduces blockades, and generates a better understanding for common goals.

In everything we do, we make some kind of contact with others – only we allow this to happen at differing levels. Let's not forget: in professional situations we enter into relationships and move in unspoken distances to each other. The question is, how much closeness can and should one allow in the job? We need to be aware of these connections and how can we use them profitably in organisations. For certain, closeness promotes good chemistry and trust, and thus improves cooperation and learning ability in teams.

Just as a lack of food, water and rest has its negative effects, lack of empathy, human proximity and – yes – even affection has its negative effects. For team leaders this means, it is important to recognise the different relationships among team members as well as to themselves. They must also assess the different needs, and develop skills that go beyond the mere use of tools to guide the dynamics of the team. The leader must also learn that you don't do these things to force something in return. Team members need to find an environment where they feel OK when they open up and allow things to happen.

So, my Appel is to address the inter-human relationship as a vital part of reaching goals such as productivity, quality of products and services and cost efficiency. It's no secret, and it is certainly not breaking news that human capital is the number one factor governing success and failure these days – in order to nurture this human capital, we must come up with plans for seeing to it that good quality leadership, ethics and working relationships are in place.

Sudan Jackson is globally responsible for cultural and organisational development at commercetools – one of the world's most innovative companies. Sudan is a person who is inspired every day to improve people's (working) lives. His focus is on actively designing collaborative environments to enable modern, innovative, creative, and customer-focused solutions. Sudan has over 20 years of experience in IT, Digitalisation and Transformation, he is a certified coach and trainer, and a welcome speaker at conferences. Contact: https://thepeopledude.wordpress.com/

In diesem Teil beschäftigen wir uns damit, wie es uns gelingt, Komplexität anzunehmen und konstruktiv mit dieser Herausforderung umzugehen. Stellt sich zunächst die Frage, womit genau wir es zu tun haben. Die Klärung des Begriffs ist durchaus herausfordernd und wird dem Gegenstandsbereich vollauf gerecht. In der Literatur finden sich unterschiedliche Vorstellungen davon, was Komplexität ist, je nachdem, aus welcher Perspektive man sich dem Thema nähert. Und Perspektiven gibt es viele, sei es die Organisationstheorie, die Ökonomie, die Informatik, die Psychologie, die Philosophie, usw.

In der Beschäftigung mit den Themen Führung und Zusammenarbeit ist ein Blick durch die systemische Brille naheliegend. Gemeinhin beschreibt man Komplexität hier als das Vorhandensein vieler Elemente, die miteinander verbunden sind und in Wechselwirkung stehen. Da sich die Zustände der einzelnen Elemente wie auch die Verbindungen, die zwischen ihnen bestehen, jederzeit ändern können, ist zwingend von einem hoch dynamischen Geschehen auszugehen. Und genau hier liegt die Schwierigkeit im Umgang mit Komplexität - eine hohe Dynamik erschwert oder verunmöglicht die Vorhersage von Ereignissen. Das Erkennen von Ursache-Wirkungszusammenhängen ist uns nicht im Vorfeld möglich. Die Kausalität erschließt sich erst in der Rückschau. Ganz anders als in einfachen und komplizierten Sachverhalten, wie sie z.B. Dave Snowden in seinem CYNEFIN-Framework beschreibt. Hier können Vorhersagen getroffen und mit vorhandener Expertise angemessen auf Anforderungen reagiert werden.

In Anbetracht von Komplexität stehen wir also der Herausforderungen gegenüber, mit einem gewissen Maß an Unvorhersehbarkeit und Unsicherheit umgehen zu müssen. Dies fällt nicht jedem von uns leicht. Auch deshalb, weil wir es mit einem deutlichen Anstieg der Komplexität in den vergangenen Jahrzehnten zu tun haben. Wir unterliegen einem Wandlungsprozess, der dem Thema eine neue und zunehmend bedeutsame Qualität beschert. Dies zwingt uns zu einem Umdenken und Hinterfragen bestehender Muster.

Dem Wunsch nach Einfachheit und Vorhersehbarkeit widerstehen

Seit den 1980er Jahren steigt die Komplexität nach vielen Jahrzehnten relativer Stabilität deutlich an. Sie steigt wieder an muss man genauer sagen. Das führt uns die sogenannte Taylor-Wanne von Dr. Gerhard Wohlland am Beispiel der Entwicklung der Märkte im Zuge des Taylorismus vor Augen. Zu Beginn des letzten Jahrhunderts, im damals ausgehenden Manufaktur-Zeitalter, waren wir bereits mit einem hohen Maß an Komplexität konfrontiert. Kleine Märkte, individuelle Fertigung nach Kundenwunsch und viele Akteure bedingten eine starke Dynamik. Die Errungenschaften der Industrialisierung und die damit verbundene Ausweitung der Märkte, führten im Folgenden zu einer Stabilisierung des Marktgeschehens. Der Übergang zum Wissenszeitalter sorgt wieder für die Zunahme der Dynamik, maßgeblich getrieben durch Digitalisierung und Globalisierung. Der Abstieg zu Beginn und der Anstieg gegen Ende des 20. Jahrhunderts verhilft der die Dynamik beschreibenden Linie zu ihrer Wannenform, daher der Name Taylor-Wanne.

Dieser kurze Ausflug macht deutlich, dass die Vorhersagbarkeit - im Vergleich zu weiten Teilen des vergangenen Jahrhunderts - in immer mehr Bereichen abnimmt. Nun tut sich nicht jeder leicht damit umzugehen, auch und gerade im beruflichen Bereich. Sei es, weil Ausbildung oder Berufseinstieg noch in den „stabilen" Zeiten der zweiten Hälfte des vergangenen Jahrhunderts liegen und die vielen Jahre Berufstätigkeit einen gewissen Habitus hervorgebracht haben. Oder aber, weil der dem Job zugrundeliegende Gegenstandsbereich der Vorstellung einer einfachen oder komplizierten und damit erklär- und vorhersehbaren Welt näher liegt. Und natürlich finden wir in den Management-Etagen den ausgeprägten Wunsch nach Kontrolle und Sicherheit. Wie wir wissen, führt das nicht selten zu fragwürdigen Forderungen nach Plänen und Berichten, die eher dem Prinzip Hoffnung folgen, als ein belastbares Instrument der Steuerung darzustellen.

In der Konsequenz müssen wir in einer zunehmend komplexen Welt immer häufiger auf den Komfort der Vorhersehbarkeit verzichten. Nicht wenige Menschen tun sich damit so schwer, dass sie quasi reflexhaft auf bestehende Erfolgsrezepte zurückgreifen, um aktuelle Probleme zu lösen. Oberflächlich kann dies in der

Bewertung durch die Akteure durchaus sinnvoll erscheinen. Das Risiko, dass man mit seinem Vorgehen in die falsche Richtung agiert ist jedoch nicht zu unterschätzen.

Sich ein eigenes Bild machen und die Dinge in die Hand nehmen

Wolf Lotter fordert einen neuen Umgang mit Komplexität, und zwar in der Form, dass wir uns Zusammenhänge erschließen. Im Gegensatz zu einem „alten" Umgang mit Komplexität, der im Kern bedeutet, dass Komplexität reduziert wird. In unserer Interpretation bedeutet dies, dass wir Verantwortung übernehmen müssen, und zwar dahingehend, dass wir uns selbst ein Bild von den Dingen machen. Das ist sicher leichter geschrieben als umgesetzt, denn es erfordert eine intensive und offene Auseinandersetzung mit dem jeweiligen Gegenstandsbereich.

Es erfordert, sich die Dinge zu eigen zu machen und zu ergründen. Gleich einem Wissenschaftler, der sich eines Themas annimmt und dieses zu erschließen versucht. Damit ist auch gesagt, dass es ein angemessenes Maß an Wissen und Know-how braucht. Denn ein solcher Erkenntnisprozess will gekonnt sein.

Um Wissen zu vernetzen und Zusammenhänge herauszuarbeiten müssen wir auch neugierig sein. Immer wieder einer neuen Spur folgen und uns auf Unbekanntes einlassen. Manchmal ist es der Umweg, der zum Ziel führt. Und wir müssen mutig sein und uns trauen, denn es gibt kein richtig und falsch. Wir sind es, die die Zusammenhänge herstellen auf Basis unserer Interpretationen und Annahmen. Damit setzen wir uns auch wahrscheinlicher Kritik aus und einem möglichen Scheitern. Die Zeit wird zeigen, wie gut wir in der Lage waren, die „richtigen" Zusammenhänge zu erkennen. Denn erst in der rückblickenden Bewertung erweist sich die Tauglichkeit unserer Einschätzung.

Wenn wir nun beherzt voranschreiten und uns auf den Weg begeben, uns Zusammenhänge zu erschließen, sollten wir nicht außer Acht lassen, uns mit anderen Menschen zusammenzutun. Denn um Querverbindungen zu ziehen und das große Ganze in Augenschein zu nehmen, kann uns nur die Vernetzung mit anderen Menschen helfen.

Der Konstruktivismus als erkenntnistheoretische Position zeigt auf, dass das, was wir als Wirklichkeit erachten, eine höchst individuelle Konstruktion ist. Auf der Grundlage unserer Sinneseindrücke schaffen wir uns ein Abbild der Wirklichkeit, das einer „objektiven Realität" nicht entspricht und mit großer Wahrscheinlichkeit auch nicht der Wirklichkeitskonstruktion anderer. Dieses Abbild ist so individuell, wie unsere Wahrnehmungen unterschiedlich sind. Der US-amerikanische Quantenphysiker und Philosoph David Bohm spricht von einer fragmentierten Wahrnehmung der Welt. Wir nehmen alle nur einen ganz bestimmten Ausschnitt der Welt wahr. Den nämlich, den uns unsere Sinneseindrücke ermöglichen. Keiner ist allein in der Lage, sich ein umfassendes Bild der Wirklichkeit zu machen.

Wenn wir eine objektive Welt annehmen und entsprechend der Vorstellungen David Bohms davon ausgehen, dass wir jeweils aus einem eigenen Winkel auf diese Welt sehen, dann liegt es nahe, die vorhandenen Perspektiven zu verschalten, um einen ganzheitlicheren Blick zu erhalten. Je zahlreicher und facettenreicher die Perspektiven sind, desto besser sollte es uns möglich sein, Zusammenhänge zu erschließen. David Bohm spricht hier von der Defragmentierung, die er durch den sogenannten Dialog als eine besondere Form des sich Begegnens und miteinander ins Gespräch Gehens zu erreichen versucht.

Hilfreiche Methoden für die Praxis

Nun ist das Beschreiben eines theoretischen Hintergrunds und das Herausstellen einer gewissen Dringlichkeit die eine Sache. Eine ganz andere Sache ist es, die Erkenntnisse in der Praxis umzusetzen. Die nun folgenden Beiträge unserer Speaker der in_between 2021 zeigen Methoden auf, die dem Praktiker beim Erschließen von Zusammenhängen hilfreich sind. In allen Beiträgen geht es darum, vorhandene Perspektiven transparent zu machen.

Das Systemische Konsensieren unterstützt in Entscheidungsprozessen, die in der Gruppe vorhandenen Positionen für alle sichtbar zu machen und in dieser Form dazu beizutragen, dass Zusammenhänge erschlossen werden können. Mit dem Ziel, tragfähige Entscheidungen zu treffen, die, entgegen dem traditionellen Mehrheitsprinzip, eine möglichst breite Zustimmung aller Beteiligten ermöglicht.

Gamification - hier am Beispiel des PLAYMOBIL®pro und des LEGO® Serious Play® behandelt - trägt zur Visualisierung und damit zur Vernetzung unterschiedlicher

Perspektiven auf einen Gegenstandsbereich bei. Wie die Arbeit mit Wimmelbildern auch, unterstützt es das Finden einer gemeinsamen Sprache. Ein gemeinsames Bild und eine gemeinsame Sprache stellen eine solide Ausgangsposition für das gemeinsame Erschließen von Zusammenhängen dar.

Um die Sichtweisen unserer Mitmenschen in Erfahrung zu bringen, braucht es eine möglichst große Offenheit im Gespräch. Diese ist nicht immer und vor allem nicht automatisch gegeben. Gerade in hierarchischen Strukturen können bestehende Über- und Unterordnungsverhältnisse einen offenen Austausch erschweren. Die Beschäftigung mit der sogenannten „Statuskompetenz" hilft zu verstehen, wie wir - unter Berücksichtigung formeller und informeller Machtkonstellationen - den Umgang mit anderen in einer Weise gestalten können, um eine möglichst große Offenheit herzustellen.

Christian Brosig studierte Arbeits- und Organisationspsychologie an der Uni Heidelberg. Nach mehreren Jahren in der Beratung machte er sich selbständig und begleitet seit über 20 Jahren Menschen und Organisationen erfolgreich in Entwicklungsprozessen. Im Mittelpunkt seiner Arbeit steht die Frage, wie Menschen möglichst zielführend den Herausforderungen von Transformationsprozessen begegnen.

"Systemisches Konsensieren" zur lösungsorientierten Entscheidungsfindung

Einleitung

Wir stehen als Menschheit mehr denn je vor der Aufgabe, uns den Herausforderungen unserer globalisierten, zunehmend komplexer und vernetzter werdenden Welt zu stellen. Wir Menschen haben sich selbst verstärkende und zum Teil unumkehrbare Prozesse angestoßen, deren globale Folgen uns zunehmend treffen und unser Leben direkt beeinflussen. In diesen zunehmend unsicheren und instabilen Zeiten gewinnt die Fähigkeit, kluge und „tragfähige" Entscheidungen zu treffen, enorm an Bedeutung. Dabei können wir besser mit Krisen umgehen bzw. deren Häufigkeit reduzieren, wenn es uns gelingt, auf der Basis eines menschenwürdigen, friedfertigen und respektvollen Umgangs miteinander Entscheidungen zu treffen.

Im folgenden Artikel möchte ich einen Entscheidungsfindungsweg vorstellen, der sich deutlich von dem uns bekannten Abstimmungsverfahren nach dem klassischen Mehrheitsprinzip unterscheidet, das Konsensprinzip des „Systemischen Konsensierens" (SK-Prinzip). Dieses Entscheidungsprinzip ist Anfang der 2000er Jahre von den österreichischen Systemanalytikern Erich Visotschnig und Siegfried Schrotta entwickelt worden.

Mehrheitsentscheid versus Systemisches Konsensieren

Beim Abstimmungsverfahren nach dem traditionellen Mehrheitsprinzip geht es vorrangig darum, möglichst viele Anhänger einer bestimmten Position, um sich zu versammeln. Das Ziel ist es, Abstimmende zu überzeugen, Interessen durchzusetzen und eine Mehrheit zu bilden. Dabei wird die Meinung von einer großen Gruppe von Abstimmenden ignoriert. Die Zahl der JA-Stimmen wird als Machtfaktor angesehen, was die Spaltung der Gruppe in Sieger (Mehrheit) und Besiegte (Minderheit) und damit den Kampf zwischen mehreren Lagern fördert. Die Abstimmung verläuft in der Regel sehr „digital" (dafür oder dagegen, JA oder NEIN). Mit dem traditionellen Mehrheitsprinzip wird das Konfliktpotential zu einem bestimmten Thema, über das abgestimmt werden soll, nicht sichtbar, bestehende Einwände seitens der Abstimmenden werden nicht gehört. Die Verlierer einer Abstimmung oder Wahl bilden einen Block des Widerstands. Unmut und Frust bei den Verlierern sind vorprogrammiert. Schließlich will jeder lieber zu den Siegern zählen als zu den Besiegten.

Das „Systemische Konsensieren" als Entscheidungsfindungsprozess unterscheidet sich dagegen bereits in der zentralen Zielsetzung, mit allen Beteiligten zu einem gemeinsamen Beschluss, besser zu einer Entscheidung „nahe am Konsens" zu kommen. Dabei verläuft die Abstimmung „analog" durch Punktevergabe. Durch die Frage nach dem Widerstand in Bezug auf die einzelnen Optionen ist es nicht erforderlich, dass sich die Abstimmenden zu allen Themen eine „digitale" Meinung bilden. Die Gesamtzahl der in der Gruppe der Abstimmenden vergebenen Widerstandspunkte spiegelt das Konfliktpotential wider. Die nicht verwendeten Widerstandspunkte (Stimmen) sind ein Maß für die Akzeptanz hinsichtlich einer Option. Dabei sagt die Akzeptanz nichts darüber aus, wie groß die Zahl der Befürworter des Vorschlags in der Gruppe ist. Sie gibt vielmehr darüber Auskunft, wie sehr die Gruppe bereit ist, den Vorschlag mitzutragen. Der Begriff „systemisch" deutet an, dass dieses Entscheidungsfindungsverfahren systembedingt bei allen Abstimmenden ein konfliktklärendes, lösungsorientiertes und konstruktives Verhalten hervorruft, ohne dass dieses Verfahren von den persönlichen Haltungen oder Charaktereigenschaften der Beteiligten abhängt. Systemisches Konsensieren nutzt dabei die „Weisheit der Vielen" (Schwarmintelligenz) und führt auf einer höheren Ebene zur größtmöglichen Näherung an den Konsens.

Die Praxis

Soweit der kurze Blick auf die theoretischen Unterschiede der beiden Entscheidungsverfahren. Um beide Verfahren und deren Wirkungsweisen zu veranschaulichen, möchte ich sowohl ein konstruiertes Beispiel beschreiben als auch von der Durchführung eines kleinen Experiments mit fünf Teilnehmern meines Workshops berichten.

Ein konstruiertes Beispiel

Nehmen wir mal an, vier Mitarbeiter einer Bürogemeinschaft möchten ihr Mittagessen bei einem Lieferservice bestellen. Um die Lieferkosten zu senken, einigen sie sich darauf, bei einem Lieferservice zu bestellen. Vier Möglichkeiten stehen zur Auswahl: Sushi - Pizza - Hamburger - Döner

Zur Entscheidungsfindung werden beide Verfahren durchgeführt. Die Mitarbeiter treffen zuerst eine Entscheidung mit Hilfe des klassischen Abstimmungsverfahrens, d.h. jeder entscheidet sich für eine der vier genannten Optionen.

Das Ergebnis der Abstimmung zeigt Tabelle 1. Wie wir sehen, ist das Ergebnis sehr knapp, eine Stimme für Sushi ist ausschlaggebend. Da Sven Sushi gerne isst, aber gerade erst gestern Sushi gegessen hat und Kerstin allergisch auf Sushi ist, wird das Ergebnis bei einigen Teilnehmern der Abstimmung ein ungutes Gefühl hinterlassen.

Lieferservice Teilnehmer	Sushi	Pizza	Hamburger	Döner
Lars	X			
Kerstin			X	
Sven				X
Petra	X			
Summe	2	0	1	1
Rang	1	4	2	2

Tabelle 1: Lieferservice – Klassische Abstimmung Mehrheitsentscheid

In einem zweiten Durchgang wenden die vier Mitarbeiter bei ihrer Entscheidungsfindung das „Systemische Konsensieren" an. Jetzt wird nach der Höhe des Widerstands gefragt. Dabei kann jeder abstimmende Mitarbeiter die komplette Skala von null bis zehn Widerstandspunkten nutzen. Zehn Punkte bedeuten maximaler Widerstand, null Punkte bedeuten keinen Widerstand, fünf Widerstandspunkte sind Ausdruck von persönlichen Bedenken. Nun wird nacheinander für jeden zur Auswahl stehenden Lieferservice konsensiert, indem jeder in der Gruppe seine persönliche Punktzahl pro Option abgibt. Für die Auswertung wird die jeweilige Summe gebildet.

Das Ergebnis mit der geringsten Gesamtpunktzahl ist die Option mit dem geringsten Gruppenwiderstand bzw. mit der höchsten Akzeptanz in der Gruppe und wird als Entscheidung angenommen. Das Ergebnis der systemischen Konsensierung veranschaulicht Tabelle 2.

Lieferservice Teilnehmer	Sushi	Pizza	Hamburger	Döner
Lars	0	5	5	5
Kerstin	10	4	2	7
Sven	8	4	5	2
Petra	2	2	4	3
Summe	20	15	16	17
Rang	4	1	2	3

Tabelle 2: Lieferservice – Systemisches Konsensieren

Welche Erkenntnisse lassen sich aus diesem Verfahren ableiten? Auch bei der Konsensierung kann es aufgrund der Punktesumme zu einem knappen Ergebnis kommen (Rang 1 mit 15 Widerstandspunkten für die Pizza gegenüber Rang 2 mit 16 für den Hamburger). Die Teilnehmer der Abstimmung fühlen sich jedoch besser am Prozess beteiligt, da sie zu allen Optionen abstimmen können und dadurch gleichberechtigt einbezogen werden. Durch die Skalierung werden die unterschiedlichen persönlichen Sichtweisen und Meinungen aller besser berücksichtigt. Die Teilnehmer fühlen sich dadurch deutlich mehr gesehen und ernst genommen.

Zudem werden hohe Widerstände (Kerstins zehn Widerstandspunkte gegen Sushi wegen ihrer Allergie) sichtbar. Diese Punkte können in der Folge gesondert diskutiert werden – zum Beispiel anhand der Leitfrage, unter welcher Voraussetzung der Widerstand gegenüber einer Option nachlassen könnte, genauer, was andere Teilnehmer tun könnten, damit sich der Widerstand eines Teilnehmers gegenüber einer Option verringert. In unserem Fall könnten die Teilnehmer natürlich auch vereinbaren, die Abstimmung gänzlich ohne die Option Sushi zu wiederholen.

Nebenbei bemerkt: Die Option Sushi hat in diesem zweiten Entscheidungsverfahren keine Rolle gespielt und den letzten Platz eingenommen.

Ein Experiment

Den Teilnehmern des Workshops habe ich analog zur oben beschriebenen Vorgehensweise folgende Aufgabe gestellt: „Stellt euch vor, ihr seid fünf Freunde, die gemeinsam einen mehrtägigen Kurzurlaub verbringen wollen. Ihr diskutiert vier Möglichkeiten:

- Bergwandern in den bayerischen Voralpen
- Strandurlaub an der Nordsee
- Städtetour in Dresden und Berlin
- Fahrt mit dem Hausboot in Südwestfrankreich

In einem ersten Abstimmungsverfahren sollte sich jeder der fünf Freunde für ein Reiseziel entscheiden. Die Abstimmung erbrachte folgendes Ergebnis:

Lieferservice Teilnehmer	Bergwandern	Nordseestrand	Städtetour	Hausboot
Kai	X			
Peter	X			
Patrick		X		
Daniel				X
Norman				X
Summe	2	1	0	2
Rang	1	2	3	1

Tabelle 3: Kurzurlaub – Klassische Abstimmung Mehrheitsentscheid

Das Ergebnis der Abstimmung zeigt eine Pattsituation mit zwei gleich starken Gruppen („Bergwandern" und „Hausboot"), eine eindeutige Mehrheit gibt es nicht, eine klare Entscheidung liegt nicht vor. Im Workshop haben wir darüber diskutiert, welche Möglichkeiten es hier gibt, eine Entscheidung herbeizuführen und wie hier weiter zu verfahren ist. Ein Impuls stand dabei schnell im Raum und wurde diskutiert: Der

Versuch, Patrick mit seiner Wahl „Nordseestrand" zu einem der beiden „Lager" zu ziehen.

Im Abstimmungsverfahren nach dem klassischen Mehrheitsprinzip erhält in einer Pattsituation in der Tat eine Minderheit als „Zünglein an der Waage" einen besonderen Stellenwert. Die beiden „Bergwanderer" könnten ebenso wie die beiden „Hausbootler" versuchen, ihn zu überzeugen bzw. zu überreden, in das jeweilige Lager zu wechseln, was in einer Wiederholung der Abstimmung den Ausschlag für eine gewünschte Entscheidung geben könnte. Damit verfestigt sich der bestehende (zuvor beschriebene) Machtkampf um die Mehrheit, die Gegnerschaft zwischen potenziellen Siegern und Besiegten verschärft sich.

Im zweiten Entscheidungsverfahren haben die Workshopteilnehmer das systemische Konsensieren angewendet. Jeder der Teilnehmer hat für jede einzelne zur Auswahl stehende Option seine (Widerstands-)Punkte abgegeben. Die Aufgabe im Wortlaut: „Notiere zu jeder der vier Optionen deine Widerstandspunkte zwischen 0 (Kein Widerstand) und 10 (Maximaler Widerstand)." Das Ergebnis der systemischen Konsensierung sieht aus wie folgt:

Lieferservice Teilnehmer	Bergwandern	Nordseestrand	Städtetour	Hausboot
Kai	0	8	5	3
Peter	0	4	8	2
Patrick	2	0	10	5
Daniel	3	5	6	0
Norman	3	6	3	0
Summe	8	23	32	10
Rang	1	3	4	2

Tabelle 4: Kurzurlaub – Systemisches Konsensieren

Wie wir sehen, gibt es diesmal ein Ergebnis, auch wenn das Ergebnis knapp ausfällt (Auf Rang 1 Bergwandern mit acht Widerstandspunkten gegenüber Hausboot auf Rang 2 mit 10 Widerstandspunkten). Eine weitere Abstimmung ist nicht notwendig.

Beide Optionen liegen mit deutlichem Abstand vor den anderen beiden Optionen (Option 2 Nordseestrand mit 23, Option 3 Städtetour mit 32 Widerstandspunkten). Nachvollziehbar sind die jeweils null Widerstandspunkte der einzelnen Teilnehmer für ihre favorisierten Optionen. Diese sind identisch mit den jeweiligen Abstimmungsergebnissen beim ersten Durchgang nach dem klassischen Mehrheitsentscheid.

Deutlich werden jetzt jedoch hohe persönliche Widerstände gegenüber einzelnen Optionen, zum Beispiel gegenüber der Städtetour (10, 8 Widerstandspunkte) und dem Nordseestrand (8) sowie persönliche Bedenken (5) bei den Optionen Nordseestrand, Städtetour und Hausboot. Bei der Option Bergwandern liegt der höchste Einzelwiderstand mit drei Punkten recht niedrig, d.h. keiner der Abstimmenden hat gegen die in der Gruppe getroffene Entscheidung gravierende Einwände. Ein Teilnehmer bemerkte, dass es „gewöhnungsbedürftig" sei, dass die Option mit den wenigsten Punkten die höchste Akzeptanz findet. Man sei es doch gewohnt, die höchste Zahl als das beste Ergebnis und somit als einen Erfolg anzusehen.

In unserer Diskussion kam auch die Frage auf, ob ein einzelner oder mehrere Abstimmende nicht das Verfahren „torpedieren" könnten, indem sie ihrem Favoriten die Null geben, alle anderen Optionen mit Zehn bewerten. Tatsächlich wäre dieses Vorgehen im Extremfall, also wenn alle Teilnehmer auf diese Weise verfahren würden, mit der klassischen Abstimmung über den Mehrheitsentscheid gleichzusetzen, da keine Zwischenstufen erkennbar wären. Das systemische Konsensieren würde ad absurdum geführt, sein Mehrwert wäre verschenkt. Bei tatsächlichen Abstimmungen nach dem systemischen Konsensieren gleichen sich die Abstimmungsergebnisse insbesondre in größeren Gruppen, jedoch aus, so dass auch Teilnehmer, die mit ihrer „Ellenbogenmentalität" ihre Interessen durchsetzen wollen, nicht großartig ins Gewicht fallen und sich beim nächsten Mal differenzierter und ehrlicher entscheiden. Ergänzend sei hier der Gruppendurchschnitt der systemischen Konsensierung pro Option veranschaulicht. Dabei gaben die Teilnehmer auf dem Online-Umfragetool

Mentimeter unter einem vorgegebenen Code zu jeder der angegebenen Optionen auf der Skala 0-10 ihre Widerstandspunkte ein.

Systemisches Konsensieren "Kurzurlaub"

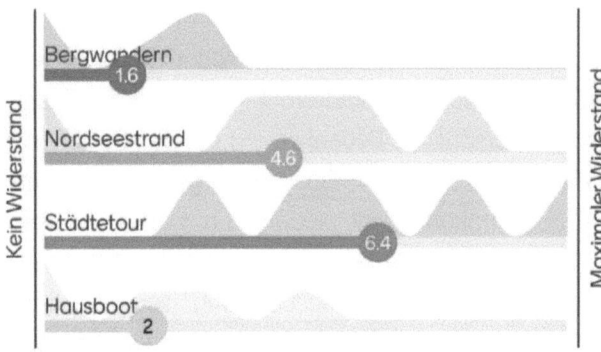

Tabelle 5: Kurzurlaub – Systemisches Konsensieren Gruppenergebnis

Sehr gut zu sehen ist der hauchdünne Abstand zwischen der Option 1 „Bergwandern" auf Rang 1 und der Option 4 „Hausboot" auf Rang 2, die im klassischen Abstimmungsverfahren dieselben Ergebnisse eingefahren hatten, was zur beschriebenen Pattsituation geführt hatte. Ebenso wird in der Grafik deutlich, in welch großem Abstand die Option 2 „Nordseestrand" und insbesondere die Option 3 „Städtetour" zu den Optionen 1 und 4 liegen.

Gegen Ende der Diskussionsrunde gab es mehrfach die Rückmeldung, dass sich die Teilnehmer im Vergleich zur klassischen Abstimmung in diesem Durchgang deutlich besser fühlen. Sich fühlen sich „entspannter", „näher bei den anderen" und „freuen sich" auf die gemeinsame Unternehmung in der Gruppe. Auf geht's in die Berge!

Als abschließendes Fazit wurde in der Diskussion festgehalten: Im Vergleich zum ersten Durchgang gemäß der klassischen Mehrheitsabstimmung, bei der für die Annahme eines Vorschlags eine Mehrheit von Befürwortern nötig ist, ist beim Systemischen Konsensieren eine Mehrheit von Personen ausreichend, die keinen Einwand haben, mit anderen Worten nicht dagegen sind.

Hier ist hervorzuheben, dass das systemische Konsensieren weder den Weg des geringsten Widerstands begünstigt noch zum kleinsten gemeinsamen Nenner oder gar zu einem faulen Kompromiss führt. Das systemische Konsensieren ermittelt vielmehr einen umfassenden Lösungsvorschlag, der dem Konsens am nächsten kommt, indem es die Interessen aller auszugleichen versucht. Die so gefundene Entscheidung beinhaltet das geringste Konfliktpotential und wird von allen Abstimmenden mitgetragen und unterstützt.

Der Ablauf des systemischen Konsensierens

Zu Beginn des Entscheidungsfindungsweges steht eine Gruppe mit einer bestimmten gemeinsamen Aufgabenstellung oder Problem. Der Start, die **erste Arbeitsphase**, ist besonders wichtig, da es hier sauber und präzise zu klären gilt, ob alle Betroffenen auch wirklich dasselbe Verständnis hinsichtlich der Ausgangslage, der Problembeschreibung und der Zielsetzung haben. Alle Fragen und Rückmeldungen sind hier erlaubt.

In der **zweiten Arbeitsphase** wird der „Problemlösungsraum geöffnet", d.h. den Teilnehmern wird Raum gegeben, erste Ideen und Lösungsansätze zu sammeln und Vorschläge zu entwickeln. Diese Arbeitsphase ist idealerweise von der Vielfalt und der Unabhängigkeit der Beiträge bzw. von der Kreativität der Teilnehmer geprägt. Alle Ideen und Vorschläge dürfen genannt werden und stehen gleichberechtigt nebeneinander. Die erarbeiteten Lösungsvorschläge werden in dieser Phase nicht kommentiert, bewertet und diskutiert.

In der nächsten, der **dritten Arbeitsphase** wird der „Problemlösungsraum" methodisch wieder „geschlossen". Jetzt wird geprüft, inwieweit sich die Komplexität bezüglich der gesammelten Vorschläge reduzieren und vereinfachen lässt. Welche Vorschläge sind thematisch ähnlich, welche wiederholen sich? Auf welcher Abstraktionsebene lassen sich die Vorschläge verorten? Anhand dieser Fragestellungen werden die einzelnen Vorschläge neu geordnet, geclustert und Unterpunkte zu Oberbegriffen zusammengefasst. Diese dritte Arbeitsphase endet damit, dass alle festgehaltenen Vorschläge von allen Beteiligten individuell und einzeln nach dem oben beschriebenen Prinzip des systemischen Konsensierens über die

Vergabe von Widerstandspunkten 0-10 bewertet werden. Von Vorteil ist hier eine unabhängige und zeitgleiche Abgabe der Widerstandspunkte durch die Teilnehmer, um mögliche Beeinflussungen durch andere Teilnehmer zu vermeiden.

In der **vierten Arbeitsphase** wird der Gruppenwiderstand pro Vorschlag errechnet. Dann werden die einzelnen Vorschläge gemäß ihrer jeweiligen Gesamtpunktzahl in ein Gesamtranking bezüglich ihrer jeweiligen Akzeptanz gebracht. Der Vorschlag mit dem geringsten Gruppenwiderstand kommt dabei dem Konsens am nächsten.

Das Verfahren des Systemischen Konsensierens kann für jede Entscheidungsfindung angewendet werden, bei der mehrere Optionen zur Auswahl stehen (Phase 3 und 4). Das SK-Prinzip hilft, das Konfliktpotenzial bei kontroversen Entscheidungen zu minimieren.

Damit das Verfahren gut funktioniert, ist es wichtig, dass die Teilnehmer das Verfahren gut verstehen. Es wird empfohlen, die Gruppe vor dem Start des eigentlichen Entscheidungsprozesses mit dem Verfahren vertraut zu machen. Dies kann durch einen Testdurchlauf mit einer einfachen Fragestellung erfolgen.

Vorab sollte geklärt werden, ob das Verfahren anonym durchgeführt werden soll, welches Medium in der Kreativen Kommunikation (2. Arbeitsphase) genutzt wird (z.B. Brainstorming, Brainwriting, Kartenabfrage, Methode 635 etc.) und welches Medium beim Erfassen von Widerständen (3. Arbeitsphase) genutzt wird (z.B. Konsensierungskarten).

Die Kooperative Entscheidungsvorbereitung[1]

Ein Entscheidungsprinzip, welches Machtverhältnisse in Frage stellt, ruft massiven Widerstand bei den Entscheidungsträgern hervor. Die Furcht vor Kontroll- und Machtverlust versperrt häufig den Blick auf die Vorteile des Systemischen Konsensierens. Die gilt insbesondere für

- hierarchische Organisationen, deren Führungskräfte für die getroffenen Entscheidungen persönlich verantwortlich sind
- für gesetzlich geregelte Entscheidungsprozesse in Gesellschaft und Politik, für die eine Mehrheitsentscheidung zwingend vorgeschrieben ist

- für die Beteiligung vieler Menschen an Kreativer Kommunikation (z.B. in Unternehmen, in Versammlungen, bei Bürgerbeteiligungen, bei Konferenzen, in politischen Parteien etc.)

Der Schlüssel für Akzeptanz bei den Entscheidern: Personen oder Gremien, die Verantwortung tragen, müssen selbstverständlich ihre Entscheidungsfreiheit behalten. Diese Personen und Gremien können jedoch von anderen Mitwirkenden Entscheidungen vorbereiten lassen, zum Beispiel mit Hilfe der „Kooperativen Entscheidungsvorbereitung (KEV) nach dem SK-Prinzip. Daraus ergibt sich die erst die allgemeinste Formulierung des Systemischen Konsensprinzips, die keine automatisch bindende Entscheidung mehr vorsieht. Sie endet schon bei der Rangordnung der entwickelten Lösungsvorschläge.

In einer hierarchischen Organisation können Vorgesetzte, die sich kreative Mitarbeiter wünschen (und ihnen vertrauen), Kooperative Entscheidungsvorbereitung (KEV) auf jeder Managementebene isoliert und jederzeit einsetzen. Von dort kann es sich auf das gesamte Unternehmen ausbreiten, was eine unternehmensweite bereichs- und hierarchie-übergreifende Zusammenarbeit möglich macht.

Kooperative Entscheidungsvorbereitung erlaubt einer Führungskraft oder einem Gremium auf einer beliebigen Stufe einer Hierarchie, durch Konsensieren Vorteile aus der Erfahrung und den Kompetenzen des mitarbeitenden Teams zu ziehen.

Dafür muss der Chef dem Team jedoch auch Zeit zur Verfügung stellen. Die besten Ideen kommen nicht unter dem Zeitdruck eines Meetings zustande. Das Team braucht die lockere Atmosphäre gegenseitiger Anregung in zeitungebundener und dezentraler Zusammenarbeit.

Nach wie vor ist die Führungskraft für ihre Entscheidung voll verantwortlich. Sie hat den Vorteil, während der Lösungssuche alle Argumente der Mitwirkenden zu erfahren, und weiß anhand der Bewertungen und der Rangordnung sehr genau, wie die einzelnen Vorschläge von der ganzen Gruppe mitgetragen werden. Das ist vor allem dann von besonderer Bedeutung, wenn es um die Lösung eines gruppeninternen Problems geht, von dem alle gemeinsam - direkt oder indirekt - betroffen sind.

Die Führungskraft erhält so eine solide Basis, aufgrund der sie ihre Entscheidung nach bestem Wissen und Gewissen treffen kann. Ihr stehen für die Entscheidung ungleich mehr Ideen, Informationen und Erfahrungen zur Verfügung, als in Einzelgesprächen oder am grünen Tisch gewonnen werden könnten.

Eine Entscheidung gegen die bestgereihten Vorschläge ist selbstverständlich möglich, sollte allerdings der eigenen Mannschaft gegenüber und auch nach „oben" ausreichend begründet werden. Denn falls sich diese Entscheidung nicht bewährt, riskiert die Führungskraft, das Vertrauen in ihre Kompetenz zu verlieren. Sie wird sich also im Normalfall zum eigenen Vorteil mit den erarbeiteten Vorschlägen und deren Rangordnung eingehend befassen, ohne vorschnell einsame Entscheidungen zu treffen.

Dadurch ergibt sich eine Fülle von Vorteilen für das Unternehmen, aber auch für die Beteiligten selbst. Obwohl diese nicht für die Entscheidung verantwortlich sind, helfen sie ihrer Führungskraft indirekt, die Entscheidungslast zu tragen. Sie werden ihre bestgereihten Vorschläge am besten mittragen, also mit den geringsten Reibungsverlusten umsetzen.

Hier berührt KEV viele andere Methoden der Mitwirkung, doch erbringt die vom Team selbst gemessene Akzeptanz und Rangordnung der Vorschläge eine grundlegend neue Erweiterung gemeinsamer Schaffens-, Willensbildungs- und Urteilskraft.

Nicht zuletzt erleben die Mitarbeiter durch die Arbeit nach dem SK-Prinzip Beachtung, Beteiligung und Wertschätzung, was ihre Arbeitsfreude, Motivation, Zufriedenheit steigert und ihre Identifikation mit dem Unternehmen bestmöglich fördert. Begünstigt werden auch Gruppenstimmung, Arbeitsklima, Engagement und Kreativität. Intrigen und Machtkämpfe erübrigen sich, weil systembedingt nur reges Mitwirken und brauchbare Vorschläge zählen.

Die geistige Arbeitskraft der Mitarbeiter kommt dem Unternehmen konstruktiv zugute. Exzellente Ideen und Vorschläge der operierenden Basis können so bis in die Führungsspitze vordringen. Managemententscheidungen gehen nicht mehr am Wissen und den Bedürfnissen der operierenden Basis vorbei.

„Konsens ist, wenn niemand etwas dagegen hat.
Dann ist das Umsetzen leicht."

- Siegfried Schrotta

Vorteile und Anwendungsfelder des systemischen Konsensierens

Die Entwickler des SK-Prinzips benennen auf ihrer Homepage www.sk-prinzip.eu folgende Vorteile:

Partizipative Wertschöpfung: Alle TeilnehmerInnen entwickeln zu einer Problemstellung Ideen und Vorschläge für Lösungen, durchleuchten und bewerten diese.

Wandle Widerstand in Lösungen: Widerstand als Quelle für Klärungen, tragfähige Entscheidungen, innovative Ideen und zur wirksamen Entfaltung der Potentiale von Gruppen nutzen.

Breite Akzeptanz: Nachhaltigkeit wird erlebbar: Systemisches Konsensieren ist der Prozess zu gemeinsam gefundenen Lösungen mit der höchsten Umsetzungsakzeptanz.

Messbarkeit: Die Qualität von Entscheidungen ist messbar: Bewertung über Widerstand ermöglicht die Darstellung von Konfliktpotential und von Entwicklung.

Kultur des Miteinander: SK bietet Tools zur Gestaltung unseres Miteinanders im Alltag: mit unseren Lieben, im Business, in selbstgewählten Gruppen und auch als Gesellschaft.

Potentialentfaltung: Selbstverantwortung und -ermächtigung, Selbstwirksamkeit der Einzelnen und der von Kollektiven wird mit SK-Haltung möglich.

Die Zielgruppen liegen dabei sowohl im privaten Umfeld in Familien, in Freundeskreisen, in Vereinen und Gruppen, als auch im öffentlichen Bereich und im Business, also in Unternehmen, Betrieben, Organisationen, Behörden, Gemeinden, Bildungseinrichtungen, Bürgergemeinschaften etc.

Die Methode des systemischen Konsensierens eignet sich für:

- Pragmatische, effiziente und nachhaltige Problemlösungen und gemeinsam getroffene, tragfähige Entscheidungen mit hoher Umsetzungsakzeptanz.
- Vertiefte Auseinandersetzung mit Themen, Visionen, Innovations- und Gruppenprozessen im Kollektiv: in Gruppen, Teams oder Gemeinschaften.

- Gestaltung einer Entscheidungskultur nach SK-Prinzip: Der/die Einzelne und gemeinsame Ziele werden respektiert und geschätzt. Vielfalt wird inklusiv gelebt.

Peter Ullmann hat sich seinem Studium der Politologie, Romanistik und Pädagogik 1995 im Bereich der Kinder-, Jugend- und Erwachsenenbildung selbständig gemacht. Seit 2004 arbeitet er für die Peter Ullmann TMC Personalentwicklung als Business-Trainer, Moderator und Coach mit dem Fokus auf Führungskräfteentwicklung, Innovationscoaching, Begleitung von Transformationsprozessen und Umgang mit Komplexität. Sein Motto in der Arbeit mit seinen Teilnehmern lautet „Impulse setzen, Menschen erreichen, Erfolge anstoßen". Seine Vorgehensweise folgt systemischen Grundsätzen, ist lösungsorientiert und auf nachhaltige Veränderung ausgerichtet.

---

[1] Kapitel 7 aus Schrotta, Siegfried (Hrsg.): Wie wir klüger entscheiden. Graz: Isykonsens International 2011, E-Book, S. 91-114, entnommen.

Die Kraft des Wimmelbildes

Kennen Sie die Geschichte vom Mann, der sich einen Hammer ausleihen will? Vor ziemlich genau hundert Jahren, am 25. Juli 1921, wurde der Kommunikationswissenschaftler Paul Watzlawick in Kärnten geboren. Obwohl Watzlawick, der acht Sprachen fließend beherrschte, sein ganzes Leben der Erforschung der menschlichen Kommunikation durch Sprache widmete, misstraute er dem Austausch über Semantik und Syntax in seiner Komplexität zutiefst. Der Mensch sei im Grunde „fast unfähig, über Kommunikation zu kommunizieren." Im Dickicht der subjektiven Interpretation der verbalen und nonverbalen Zeichen, derer wir uns im Gespräch bedienen, war Watzlawick überzeugt, würde sich jeder einzelne hoffnungslos verheddern. Die allen „Begriffen anhaftende Gefahr sei, dass sie, wenn sie nur lange genug gedacht und wiederholt werden, eine Scheinwirklichkeit annehmen", die sich unweigerlich abkoppelte von ihrer vom Sender eigentlich beabsichtigten Botschaft.

Zugegeben, es gibt leichtfüßigere Einstiege in einen Text. Aber keine Angst, das Schlimmste ist schon überstanden. Das hier soll keine abstrakte Abhandlung über die Grenzen der Sprache werden.

Mit Wimmelbildern, wenn sie gut gemacht sind, sorgfältig entwickelt und recherchiert wurden, können wir Komplexität nicht nur reduzieren, sondern auch erschließen und erfahrbarer machen.

Mit Wimmelbildern lässt sich Komplexität meistern.
Und zwar auf eine für alle unmissverständliche Sprache. Anders als bei der gesprochenen Sprache gestattet ein Wimmelbild keinen Interpretationsspielraum, keine Ambiguität: Wenn das ausgearbeitete Bild direkt vor uns ist, fällt es schwer, ein davon abweichendes in unserem Kopf zu produzieren. Also etwas, das gemäß Watzlawick in der gesprochenen und geschriebenen Sprache unausweichlich ist.

Ein simples Beispiel: Selbst bei einem in seiner Komplexität überschaubaren Begriff wie „Auto" können je nach Empfänger beim Lesen oder Hören ganz unterschiedliche Bilder entstehen. Denn Auto ist schließlich nicht gleich Auto.

Die eine hat sofort einen stattlichen SUV vor Augen, eine andere einen schnittigen Sportwagen, mein Freund Jonas vermutlich den von seiner Tochter mit Blümchenaufklebern verzierten Volvo-Kombi und eine Vierte denkt beim Wort „Auto" unwillkürlich an die CO_2-Belastung der Erde und stellt sich lieber ein Fahrrad vor.

Auf einem Wimmelbild kann eine solche Diversität der Bilder nicht entstehen. Wir zeichnen einfach das Artefakt ohne den Umweg des Überbegriffs Auto. Soll die Umweltbelastung herausgestellt werden, akzentuieren wir die Wolke der Auspuffgase. Geht es um E-Mobilität, gibt eine Ladestation Orientierung.

Wenn es nun schon beim Wort Auto in so viele unterschiedliche Richtungen gehen kann. Wie weit ist der Interpretationsspielraum dann etwa bei viel komplexeren Begrifflichkeiten, etwa im Rahmen der Unternehmenskommunikation?

Die Welt wird immer komplexer, zu viele linear verabreichte Informationen – und lesen ist nun mal ein linearer Prozess – können zu einer Überfütterung mit Informationen führen. Das Resultat: Überforderung und Orientierungslosigkeit.

Mit Wimmelbildern können wir Komplexität einfangen, erschließen und dort, wo es nötig ist, reduzieren. Aber dort, wo erforderlich, auch erhöhen. Es geht bei der Darstellung von Prozessen via Wimmelbild mitnichten zwingend darum, zu vereinfachen.

Wir unterscheiden zwischen drei Formen von Komplexität. Der wuchernden, negativen Komplexität, die sich nach und nach aufgebaut hat und die für viele so undurchdringlich geworden ist, dass sie nicht mehr verstanden wird. Diese Komplexität gilt es zu reduzieren. Hier wirken unsere Wimmelbilder wie eine Machete im Komplexitätsdschungel. Sie schaffen Klarheit und machen transparent, wo Komplexität abgebaut werden kann.

Die zweite Form der Komplexität ist die gegebene. Zu dieser zählen unverrückbare Rahmenbedingungen wie Regularien, Compliance-Richtlinien, Gesetze oder Steuern. Diese Komplexität kann zwar harmonischer ins Gesamtbild eingebaut, aber nicht abgeschafft werden.

Es gibt aber auch, drittens, eine positive Komplexität. Diese lässt sich in Bereichen wie Wertschöpfung, Target Areas, Vorbildfunktion oder moderner Führung verorten. Bei dieser Form von Komplexität geht es darum, ihr den nötigen Raum zu geben, nicht um sie zu begrenzen.

Jede spezifische Situation, jeder Prozess und jede Struktur lassen sich durch Visualisierung erfahrbar machen. Mit sofort verständlichen, manchmal sogar kindhaft-vereinfachten Zeichnungen gelingt es, Komplexität sowohl auf der Metaebene wie zum Beispiel der Vertriebswege zu reduzieren. Aber auch im Detail, wenn es um winzige interne Prozesse geht. Nicht selten räumt schon der Weg zur Visualisierung wichtige Missverständnisse aus dem Weg.

So erfreulich es ist, dass immer mehr Unternehmen Wimmelbilder einsetzen, um Prozesse, Strukturen, Probleme oder Ziele zu veranschaulichen. So unverständlich erscheint es mitunter, wie stark der Fokus insbesondere in der internen Unternehmenskommunikation, wenn es etwa um die Vermittlung des Unternehmensleitbildes geht, noch immer auf der geschriebenen Sprache liegt.

Dabei liegt der Widerspruch auf der Hand, es heißt immerhin: Unternehmensleitbild.

Die Firma Dialogbild entstand 2003 als klassische Werbeagentur. Nach einem Jahr trat das Unternehmen Lufthansa an uns heran mit der Bitte für die interne Kommunikation ein Big-Picture des Unternehmens als Wimmelbild zu zeichnen. Alle Mitarbeiter und Führungskräfte sollten so gewissermaßen aus der Vogelperspektive auf einen Wissenstand gebracht werden.

Ali Mitgutsch zeichnete schon in den sechziger Jahren Wimmelbücher für Kinder. Viele von uns kennen die hohen Pappbände mit ihren doppelseitigen Bildern, in denen Park- oder Strandszenarien dargestellt sind, in denen es so unendlich viel zu entdecken gibt, noch aus ihrer Kindheit oder erkunden mit ihren Kindern die aufgeschlagenen Welten. In seinem Stil, mit fröhlicher Grundhaltung, fertigten wir Schaubilder an, in denen wir die komplette Welt bei Lufthansa darstellbar machten. Etwa alle Situationen, in denen Kontakt zwischen Mitarbeitern von Lufthansa und Passagieren entstehen kann. Die Klammer bildete der gezeichnete Spaziergang eines Vaters mit seiner Tochter durch die Lufthansa-Welt. Am Ende ist das Mädchen selbst Mitarbeiterin.

Bis heute findet diese Arbeit im Trainingscenter von Lufthansa Anwendung. Auf diese Weise wird das Verständnis des Einzelnen für die Strukturen und die Gesamtsituation des Unternehmens geschult.

Das Ergebnis, vor allem die Resonanz, war so positiv und auch für uns so überzeugend, dass wir entschieden, uns auf die Produktion von Wimmelbildern zu spezialisieren.

Die Vorteile im Aufzeigen von Bildwelten liegen auf der Hand:

- Bilder sind wie Traubenzucker. Sie sind konkreter und wirken schneller als das geschriebene Wort.
- Visualisierung überbrückt kryptische Fachsprache.
- Wimmelbilder geben eine klare Struktur vor.
- Zusammenhänge werden durch den Blick auf die Gesamtsituation klarer.
- Inhalte werden im Dialog vermittelt. Denn Bilder bieten einen idealen Anknüpfungspunkt für Diskussionen.

Dabei, wir können es nicht entschieden genug betonen, geht es bei einem Wimmelbild nur um die Vereinfachung der Botschaft, nicht der Inhalte. Es geht nicht darum, Komplexität abzuschaffen oder zwingend zu vermeiden.

Wir sind überzeugt, um ein komplexes Thema zu erklären, braucht es auch Komplexität. Dies wird textlich oft über stark reduzierte Beschreibungen angestrebt. Die sind zwar nicht unbedingt falsch. Aber leider auch weder niederschwellig noch eingängig oder unmissverständlich. Verstehen Sie uns nicht falsch: Wir lieben den Umgang mit Sprache. Wir sind uns aber auch ihrer Grenzen bewusst.

Wie gehen wir vor bei der Produktion eines Wimmelbilds?

Zunächst definieren wir mit unserem Kunden sein Kommunikationsziel.

Dafür erläutert er uns in einfachen Worten, ganz ohne Fachsprache, die jeweiligen Strukturen, Besonderheiten, Problematiken. Unsere Bitte an unsere Gesprächspartner ist dabei, uns diese Punkte auf die gleiche Weise nahezubringen, wie sie dies bei ihren Partnern oder Freunden tun würden.

Auf diese Weise bekommen wir jede Menge Input und Informationen, die wir nun beginnen zu sortieren und etwa chronologisch, nach Schwerpunkten oder Handlungsfeldern zu clustern.

Dabei geht es uns darum, den Wald sichtbar zu machen, indem wir die Bäume detailliert visualisieren.

Wir ordnen also die einzelnen Bäume, in unserem Fall oft die Vielzahl der Power-Point-Präsentationen, so an, dass der Wald sichtbar wird.

Auf dieser Basis geht es nun darum die jeweiligen Themen zu visualisieren, indem wir eine passende Bilderwelt entwickeln. Geht es zum Beispiel um einen Change-Prozess könnte diese aus einem Weg bestehen, auf dem es gewisse Hindernisse zu bewältigen gilt, aber auch die positive Vision visualisiert wird.

Ist die Bilderwelt gefunden, werden die einzelnen Bäume, also Themen, entsprechend angeordnet. Im Rollout kommen sowohl die Metaebene als auch die Detailebene zum Tragen.

Wo stehen wir, wo wollen wir hin, wie können wir das erreichen?

Auf diese Weise gelingt es, die konkrete Unternehmenswelt transparent zu machen, die Unternehmensrealität anhand von Beispielen, Geschichten, Szenarien darzustellen. Und natürlich Ziele zu visualisieren, etwa die Umsetzung der neuen Strategie.

Ein konkretes Beispiel für unser Vorgehen, das zwar schon einige Jahre zurückliegt, dessen Thema aber nicht an Aktualität verloren hat: Der Bayer-Konzern trat 2013 an uns heran, um das interne Komplexitätsreduzierungsprogramm zu visualisieren und zu begleiten.

Das Ziel bestand darin, über das Tool eines Dialogbildes Hürden im Arbeitsleben abzubauen, indem „schlechte Komplexität" im Unternehmen identifiziert wird und so eine Diskussion anzuschieben, warum diese schadet. Aus und von unterschiedlichsten Abteilungen und Hierarchieebenen erreichten uns viele hundert Seiten von Power-Point-Präsentationen, in denen Strukturen schriftlich oder als Diagramm zusammengefasst wurden.

Auf Basis dieses Inputs entwickelten wir eine Reihe von Bilderwelten, die uns für diesen Zweck passend erschienen. Wir spielten mit dem Bayer-Logo, kreierten ein Komplexitäts-Labyrinth und eine Zahnradwelt, die aufzeigen sollte, wie sehr ein Rad ins andere greift und dass alle Prozesse miteinander verknüpft sind. Als Leitmotiv entschieden wir uns für die Visualisierung eines breiten Weges, der den Weg zum Kunden darstellen sollte. Diesen galt es in unserer Metapher zu verschlanken, um schneller beim Kunden zu sein.

Dieses Bild wurde dann nach und nach weiter ausgearbeitet und mit Leben gefüllt, um dann im Rollout die gemeinsamen Ziele zu definieren:

- theoretisches Hintergrundwissen zu vermitteln.
- ein gemeinsames und deckungsgleiches Verständnis von Komplexität zu erzeugen.
- Komplexität zu identifizieren.
- Impulse und Tipps zu geben zur Vermeidung unnötiger Komplexität.
- die Basis für eine Kultur der ständigen Verbesserung zu legen.

Auf dieser Grundlage entstand auf den ersten Blick ein wahres Wimmelbild-Monstrum. Unübersichtlich und auf den ersten Blick fast schon bedrohlich hochkomplex. Wer dies für einen Widerspruch hält, angesichts eines Unterfangens, dass doch zum Ziel hat, Komplexität zu vermindern, dem halten wir entgegen, dass die Welt nun einmal hochkomplex ist. Diese Komplexität zu negieren oder über Gebühr reduziert darzustellen, macht keinen Sinn.

Bei genauerer Betrachtung des Bildes wird klar, dass das Bild in vier Bereiche unterteilt ist. Die Bayer-Welt, die oben benannten drei Arten der Komplexität, die Kundenwelt, die es möglichst ohne Umwege und Hindernisse zu erreichen gilt und schließlich im unteren Teil des Bildes die Lösung: das Simplify-Programm. Unterschiedliche Maßnahmen, um die Arbeitswelt bei Bayer einfacher zu gestalten. Etwa Simplify-Workshops und Initiativen zum Austausch von Best-Practices.

Mit einer Vielzahl an unmittelbar verständlichen und augenzwinkernden Beispielen werden Komplexitätstreiber benannt und ausfindig gemacht. Wenn wir genauer hinschauen, wechseln wir quasi von der Waldebene in die Baumebene. Etwa ausufernde Meetings, stattfindend an einem Tisch in Form der umgedrehten Acht, dem Symbol für Unendlichkeit. Auch ein Treffen der „Anonymen Komplexitätstreber" findet in unserem Wimmelbild statt. Eine Teilnehmerin begießt liebevoll die wuchernde „Komplexitätspflanze", die das Unternehmen zu überwuchern droht und Prozesse verlangsamt. Wir konstatieren: Der Abschied von den gewohnten Strukturen ist schwer. Dies zeigen auch die Bemühungen des Gärtners, der die ihm ans Herz gewachsene Komplexitätspflanze liebevoll pflegt. Ziel dieses Wimmelbildes war es, die Sensibilität für Komplexität zu schärfen und zu visualisieren, welche Vorteile eine gebändigte Komplexität für das Unternehmen, aber auch für jeden Einzelnen bietet. Kurz: Einen originären Kommunikationsbeitrag zu leisten, um Komplexität im Unternehmen zu erfassen und zu meistern. Etwas, das nur im Dialog gelingen kann.

Die Hammer Anekdote geht übrigens so: Ein Mann will ein Bild aufhängen und beschließt seinen Nachbarn um einen Hammer zu bitten. Doch Zweifel stellen sich ein. Hatte der Nachbar gestern nicht etwas nachlässig gegrüßt? Mag er mich etwa nicht? Will er den Hammer etwa nicht rausgeben? Ich selbst hätte meinen Hammer, ohne zu zögern, verborgt! Das Gedankenkarussell dreht sich immer schneller. Der Mann wird wütend. Er geht zu seinem Nachbarn, klingelt und als dieser öffnet, blafft er ihn in schönstem österreichischen Idiom an: „Behalten Sie doch Ihren Hammer, Sie Rüpel."
Eine schöne Geschichte. Eigentlich schade, dass sie nicht als Wimmelbild erzählt wurde.

Wolf Wienecke ist Gründungspartner und Geschäftsführer der Dialogbild GmbH. Er startete seine Karriere als Berater und Konzeptioner bei den Werbeagenturen Heye + Partner und Springer & Jacoby. Seit der Gründung von DIALOGBILD 2003 setzt er nun seine eigenen Vorstellungen von intelligenter und effizienter Kommunikation um. Angefangen mit der kommunikativen Begleitung von Leadership Programmen bei Lufthansa Technik und Lean Management bei Airbus und Bombardier entwickelte sich in den folgenden Jahren ein großer Arbeitsschwerpunkt in der Industrie. Später kamen weitere Branchen und Themen dazu. Aktuell liegt sein Fokus vor allem auf groß angelegten Transformationsprozessen, Digitalisierung, Process Excellence, Cultural Change und Future of Work. Mehr Infos auf www.dialogbild.de und www.big-pictury.com

Komplexität reduzieren und Ziele erreichen mit LEGO® Serious Play® und PLAYMOBIL®pro

Wie ein Wal in den Kühlschrank passt

Wir bewegen uns in einer Zeit komplexer Probleme. Einfache Lösungen dafür sind nicht greifbar. Ob beim Klimawandel, der Überbevölkerung, der Globalisierung, der Sicherheit, der Mobilität, der Gesundheit und vielen weiteren mehr. Keines der Themen kann isoliert betrachtet und schon gar nicht gelöst werden. Wo wir Lösungen für Teilbereiche schaffen, tangieren wir nicht selten andere Bereiche und schaffen so neue Probleme. Wir nennen das ein komplexes System.

Einfache Systeme: Bei Themen, die isoliert zu betrachten sind, deren Bearbeitung und Lösung keine weiteren Themen tangiert, sprechen wir von einfachen Systemen.
Komplizierte Systeme: Sobald wir viele solche Themen haben, die teilweise auch miteinander verbunden sind, sprechen wir von komplizierten Systemen.
Komplexe Systeme: Ein komplexes System wird charakterisiert durch das Vorhandensein vieler Themen, die alle miteinander und untereinander verbunden sind. Eine Änderung an einer Stelle hat Folgen an vielen anderen Stellen des Systems. Die Folgen sind teilweise nicht vorhersagbar.

Das VUCA-Prinzip beschreibt die Kennzeichen dieser Systeme:
V = Volatilität (Unbeständigkeit)
U = Uncertainty (Unsicherheit)
C = Complexity (Komplexität)
A = Ambiguity (Mehrdeutigkeit)

Lösungsstrategien

Üblicherweise versuchen wir komplexe Fragestellungen mit Strategien zu lösen, die aus einfachen oder komplizierten Systemen stammen und für komplexe Fragestellungen nicht taugen (Prof. Kruse).

1. **Versuch und Irrtum**

   Wir schauen mal, ob eine Lösung funktioniert. Wenn nicht, versuchen wir eine andere.

2. **Ausblenden störender Bereiche der Fragestellung**

   Wir blenden bestimmte Bereiche aus, und beschäftigen uns nur mit den Bereichen einer Fragestellung, die uns lösbar scheint.

3. **Trivialisierung, also Vereinfachung der Komplexität**

   Wir versuchen das System zu vereinfachen und zerstören es damit. Eine Lösung kann nicht mehr gefunden werden, da das System so nicht mehr existiert.

4. **Versuch, das Ganze zu verstehen**

   In der Komplexität ist das durchdringende Verstehen nicht mehr hilfreich, denn wir können nicht mehr alle Aspekte und Auswirkungen begreifen.

5. **Intuition**

   Lösungen nach Gefühl, bzw. Intuition zu finden scheint einfach. Jedoch wird Intuition im Unterbewusstsein gebildet durch Erfahrung und Lerninhalte, bzw. Erkenntnisse aus der Vergangenheit. Wurde die Intuition also gebildet durch Erfahrungen auf einfachen oder komplizierten Systemen, taugt die Intuition nicht mehr für komplexe Systeme.

Die Strategie, die in komplexen Systemen am erfolgversprechendsten ist, kennen wir aus der sogenannten VUCA-Welt.

- **Komplexität anerkennen**

  Erstmal das System, in dem wir uns bewegen, als komplex anzuerkennen, ist der wichtigste Schritt.

- **Vernetzung mit möglichst vielen**

  Eine Organisation sollte sich mit allem vernetzen, was auch nur im Entferntesten zu Lösungen beitragen könnte: Berater, Kunden, Experten, Verbände, Forschung.

- **Beteiligung aller Stakeholder**

  An der Lösungsfindung sollten möglichst alle Stakeholder, bzw. deren Vertreter mitarbeiten und beteiligt werden. Das können Mitarbeiter verschiedenster Abteilungen sein aber auch Lieferanten, Kunden oder Partnerunternehmen.

- **Finden einer gemeinsamen Sprache**
  Alle Beteiligten müssen eine gemeinsame Sprache, ein gemeinsames Verständnis für die Fragestellung und das System bekommen. Das ist nicht selbstverständlich, wird aber oft vorausgesetzt.

Zur Bearbeitung komplexer Fragestellungen helfen uns die althergebrachten Methoden nicht mehr. Um einen Konferenztisch herum zu sitzen und endlos zu diskutieren, führt nicht zu Antworten. Das dient meist nur zum Erhalt des Status einzelner Beteiligter. Es dient weder der emotionalen Beteiligung der Teilnehmer am Lösungsprozess, noch kommen wirklich brauchbare Lösungen daraus hervor.

Gamification

Besinnen wir uns lieber auf unsere biologisch angelegten Möglichkeiten und verwenden spielerische Methoden wie zum Beispiel LEGO® Serious Play® und PLAYMOBIL®pro - Gamification.
Als Gamification wird die Anwendung spielerischer Elemente auf reguläre Prozesse und Anwendungen bezeichnet. So wird eine Motivationssteigerung der Teilnehmer erreicht, die Kreativität gefördert und andere Gehirnbereiche angesprochen.
Diesem Ansatz entsprechend setzen wir in unserer Arbeit PLAYMOBIL®pro und die LEGO® Serious Play®-Methode ein. Mit der zielgerichteten Moderation und Gruppensteuerung (Facilitation) werden andere, unerwartete Lösungen erzielt, Ideen anwendbarer gestaltet, Entscheidungsprozesse transparenter gemacht und letztlich die Identifikation mit dem Ergebnis erhöht.

LEGO® Serious Play® - Was ist das?

Die LEGO® Serious Play® (LSP)-Methode ist ein geführter Prozess für Workshops und Meetings zur Verbesserung der Kommunikation und der Problemlösung, in dem die Teilnehmer von einem speziell ausgebildeten Moderator durch eine Reihe von auf das Ergebnis ausgerichtete Aufgaben geleitet werden. Die Teilnehmer bauen die Antworten mit Hilfe spezieller LEGO®-Steine als metaphorisches „3D-Modell der eigenen Gedanken"[1] und dringen so immer tiefer zur Lösung vor. Die LEGO®-Modelle dienen als Werkzeug und Basis für den Austausch von Erkenntnissen, Problemlösungen und als Entscheidungsgrundlage.[2]

Die plastische Darstellung im LEGO®-Modell ermöglicht es Teilnehmern, sich besser mit den Lösungen auseinanderzusetzen und die Antworten der anderen besser zu verstehen.[3] Sich bei dieser Arbeit mit Metaphern ausdrücken zu können, ist hierbei eine wichtige Fähigkeit, denn es müssen keine technisch anspruchsvollen Modelle gebaut werden und dennoch können komplexe Sachverhalte mit einfachen Steinen dargestellt werden.[4]

LEGO® Serious Play® ist als partizipativer Gruppenprozess konzipiert worden, in dem jeder Teilnehmer zu 100 % in die Entscheidungsfindung eingebunden ist, und der immer dem gleichen Kernprozess folgt.

1. **Fragen stellen:** Der Moderator stellt eine ergebnisoffene und ergebnisorientiert formulierte Aufgabe

2. **Bauen:** Die Teilnehmer erarbeiten mit speziellen LEGO®-Steinen und Metaphern die Antwort. Diese entsteht während des Bauens intuitiv.

3. **Teilen:** Jeder Teilnehmer stellt seine Antworten vor, wobei Zuhören und Rückfragen zu einem tieferen Verständnis führen.

4. **Reflektieren:** Gezielte Fragen durch den Moderator regen zum Nachdenken an.

Dieses Vorgehen führt zu einer wertvolleren, aufschlussreichen und ehrlichen Diskussion. Es entsteht eine Kreativität, die das Gehirn zu einem anderen Arbeiten anregt. Es ergeben sich so nicht nur neue Perspektiven, das Ergebnisoffene vermeidet zudem, dass Teilnehmer sich vorab positionieren.[5] Es gelingt eine Fokussierung auf Ideen, nicht auf Meinungen: Emotionale Grenzen werden eingerissen und die typischen Fehler eines Meetings vermieden.

PLAYMOBIL®pro - Was ist das?

PLAYMOBILpro basiert auf einer von der Firma PLAYMOBIL speziell für Workshops zusammen gestelltem Material aus weißen(!) Playmobil-Figuren und Accessoires wie Kleidung, Gegenstände, Zeichen, Möbel, Tiere, etc. Dabei soll das Material helfen, konkrete Fragestellungen zu erarbeiten, zu visualisieren, zu testen und zu iterieren. Und dies noch bevor es mit Prototypen in erste Umsetzungsphasen geht. Das spart Zeit und Geld, vor allem aber soll auch hier jeder 100% beteiligt sein.

PLAYMOBILpro ist SPIELERISCH
Durch das Spiel werden andere Hirnbereiche angesprochen. So entstehen abstrakte, unerwartete Ergebnisse. Herkömmliche Methoden aktivieren nicht, limitieren mehr.

STORYTELLING mit PLAYMOBIL®pro
Die Verknüpfung von PLAYMOBIL®pro mit verschiedenen Bedeutungen führt zu einer besseren Merkfähigkeit und Verankerung des Ergebnisses. Außerdem werden sich die Teilnehmer emotional mit dem Ergebnis verbinden und dies führt zu hoher Motivation in der Umsetzung.

PLAYMOBIL®pro wirkt KREATIV
PLAYMOBIL®pro spricht die Intuition an, was zu anderem Denken, Handeln und Planen abseits der tradierten Strukturen führt. Es öffnet Bereiche im Denken, die sonst verschlossen bleiben. Selbst Menschen, die von sich selber sagen, sie seien nicht kreativ, werden so in das Ergebnis mit eingebunden.

PLAYMOBIL®pro ist INNOVATIV
PLAYMOBIL®pro bezieht jeden Teilnehmer ein und fördert die Interaktion durch Bewegung, Kommunikation und Teilhabe. Daher eine ideale Methode bei der Entwicklung von Innovationen, bzw. bei der Bildung innovationsfreudiger Kulturen.

PLAYMOBIL®pro wirkt BIOLOGISCH

Das Kreative, Spielerische und Soziale schlummern in jedem von uns. PLAYMOBIL®pro spricht diese Bedürfnisse an und erweckt diese zum Leben.

PLAYMOBIL®pro fördert INTERKULTURELLE Umgebungen

Das Spielerische funktioniert international und Hierachie übergreifend. Das Bildliche unterstreicht das Gesagte und macht es besser verständlich.

PLAYMOBIL®pro ist ERWEITERBAR

Je nach Aufgabenstellung lassen sich die PLAYMOBIL®pro Sets um viele Themen erweitern. Alles, was benötigt wird, findet sich im Spielwarenladen.

PLAYMOBIL®pro wirkt AUFDECKEND

Durch die Kombination aus Rollenspiel und Interaktion entstehen Ideen und Ansichten, die oftmals in der Form nicht angesprochen würden.

PLAYMOBIL®pro ist VIELSEITIG

PLAYMOBIL®pro ist nicht auf ein Thema beschränkt. Der Einsatz umfasst Themen wie Transformation über Teamentwicklung und Prozessentwicklung, Vision und Mission, Stakeholderanalysen, Aufstellung und Coaching. Und das sind nur ein paar Beispiele von vielen.

Im Gegensatz zu LSP gibt es kein festes Framework, das immer angewendet werden kann. Die Methode ist offener und bietet sehr viele Möglichkeiten, die unterschiedlichsten Themen zu bearbeiten. In der Durchführung kommt es daher stärker auf die Fähigkeiten des Moderators an, denn dieser muss die gruppendynamischen Prozesse besser im Blick behalten und reagieren. Ansonsten übernehmen die dominanten Teilnehmer den Redeanteil und die stillen ziehen sich zurück.

Richtig moderiert, werden Ergebnisse mit PLAYMOBIL®pro **schnell, tief und intensiv** erarbeitet. Die Teilnehmer können sich in dieser Methode sehr stark mit den Personen identifizieren, für die das Produkt, den Prozess oder die Konzeption erarbeitet wird. Ein schneller Wechsel von der distanzierten Perspektive zur assoziierten ICH-Perspektive findet statt.

Zur Anwendung kommt die Methode zum Beispiel in Themen wie Personas definieren, Prozesse entwickeln, Maßnahmen und Umsetzungsschritte erarbeiten, Aufstellung und Stakeholderanalysen, Vision und Mission, und vieles mehr.

Online einsetzbar

Beide Methoden funktionieren auch in einer **Online-Umgebung**. Allerdings erfordert dieses Vorgehen von Moderatoren und Teilnehmern sich mit den bestehenden Glaubenssätzen auseinanderzusetzen. Über technische Limitierungen hinweg Menschen zu verbinden und emotionale Nähe zu fördern, verlangt digital zu denken und neue Techniken mit der gleichen Begeisterung anzunehmen und zu akzeptieren, wie die Einladung zu einem klassischen Workshop. Somit steht das "Digitale Denken" für einen Paradigmenwechsel, der es Moderatoren erlaubt, dem eigenen Werkzeugkasten neue Methoden hinzuzufügen.[6]

So könnte ein LEGO® Serious Play® (LSP) Workshop ablaufen

Bei beiden Methoden gehen wir grundsätzlich immer vom Ziel aus, dass mit einem solchen Workshop erreicht werden soll. Danach richtet sich auch die Wahl der Methode.

Bei LSP beginnen wir immer mit dem sogenannten Skills Build. Hier erhalten die Teilnehmer die Fertigkeiten, die für die Arbeit mit LSP nötig sind. Als erstes geht es darum, klar zu machen, dass jeder Teilnehmer eine eigene Sicht auf die Welt hat. Damit hat jeder Teilnehmer recht, wenn er seine Sicht der Dinge in den Workshop mit einbringt. Als nächstes erhalten die Teilnehmer die Fähigkeit, mit Metaphern zu arbeiten, denn die Bedeutung eines Steins innerhalb eines Bauwerks gibt immer der Erbauer. Das braucht ein bisschen Übung. Der dritte Teil bezieht sich auf das Storytelling. Die Teilnehmer bekommen über eine Übung die Möglichkeit, ihr Modell in Form einer Geschichte den anderen nahe zu bringen.

In der nächsten Phase, die wir die Baustufe 1 - das individuelle Modell nennen, starten die Teilnehmer mit einer vorgegebenen Aufgabe. Sie bauen jeder ein einzelnes Modell als Antwort auf diese Aufgabe. Wenn alle gebaut haben, kommt der wichtigste Teil. Die Teilnehmer erzählen die Geschichte ihres Modells. Die Augen der Zuhörer sind dabei auf das Modell gerichtet. Es findet keine Diskussion statt, erst einmal hören alle nur zu. Die anschließende Reflexionsphase vertieft das Gehörte.

Es folgt Baustufe 2 - das gemeinsame Modell. Aus den individuellen Modellen erarbeiten die Teilnehmer ein gemeinsames Modell. Dabei kommen Teile aus jedem individuellen Modell hinein. Jeder ist beteiligt und engagiert. Aus solchen Modellen lässt sich dann auch schon nach der Reflexionsphase ein Maßnahmenplan erstellen. Aus diesem Plan kann jeder sehen, wer was wann umsetzt.

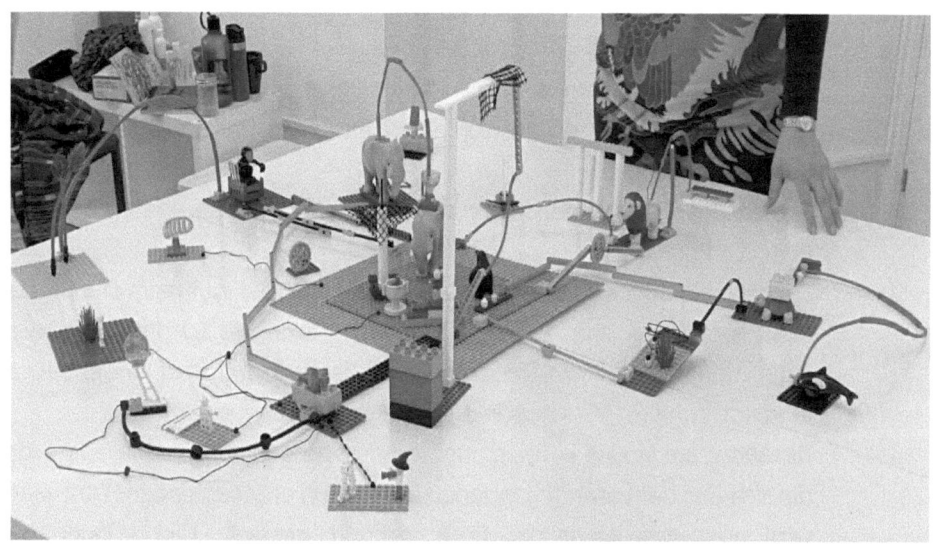

Abbildung 21: Baustufe 3 - das Systemmodell

Die Baustufe 3 - das Systemmodell kommt seltener vor. Gerade in komplexen Systemen allerdings, ist das Systemmodell ein starkes Mittel, um Komplexität sichtbar zu machen und die Wechselwirkungen der Systemkomponenten zu verdeutlichen. Ideal für Strategie und Systemik. In diesem Teil werden die Bestandteile des Systems gesammelt und miteinander über Verbindungsteile verbunden. Das gemeinsame Modell steht dabei im Mittelpunkt und die Systemteile werden drum herum platziert. Dabei spielt die Art der Verbindung eine große Rolle. Mit solchen Modellen können nun verschiedene Szenarien durchgespielt werden, das Modell reagiert realistisch, wenn die Verbindungen richtig gesetzt wurden. Dieser Teil ist besonders anspruchsvoll in der Moderation und sollte nur von speziell darin ausgebildeten Facilitatoren durchgeführt werden.

So könnte ein PLAYMOBIL®pro Workshop ablaufen

Da diese Methode sehr offen ist, wird für jeden Auftrag individuell ein Framework gestaltet. Auch hier ist das wichtigste, das Ziel vorab mit dem Auftraggeber zu definieren. Die Grundsätze, die wir für solche Workshops erarbeitet haben, sehen wie folgt aus:

1. Alle gehen zum Material und suchen sich etwas aus, geben diesem Teil Bedeutung. Sie setzen es auf einen Parkplatz der Vorlage oder eines Canvas.
2. Setzen des Teils in den Canvas oder in den Prozess. Erster Austausch über die Position.
3. Durchspielen über die Story, die eine PLAYMOBIL Figur beim Durchgehen des Ergebnisses erlebt. Hier am besten gleich die Ich-Perspektive der Figur einnehmen. Anschließend wird reflektiert und über Widersprüche, fehlende Inhalte, Missverständnisse diskutiert.
4. Iteration: am Modell können nun Verbesserungen vorgenommen werden, die sich aus der vorangegangenen Diskussion ergeben haben. Und wieder wird über eine Figur das Ergebnis durchgespielt. Hier können auch Beobachter von außen unterstützen, die anschließend ihre Beobachtungen mitteilen. Die Phasen 3 und 4 können sich solange wiederholen, bis ein gemeinsamer Zustimmungsgrad erzielt wird.

Dieses Vorgehen lässt sich zeitlich nicht so genau planen, daher ist genügend Luft bei der Planung der Workshops mit einzukalkulieren.

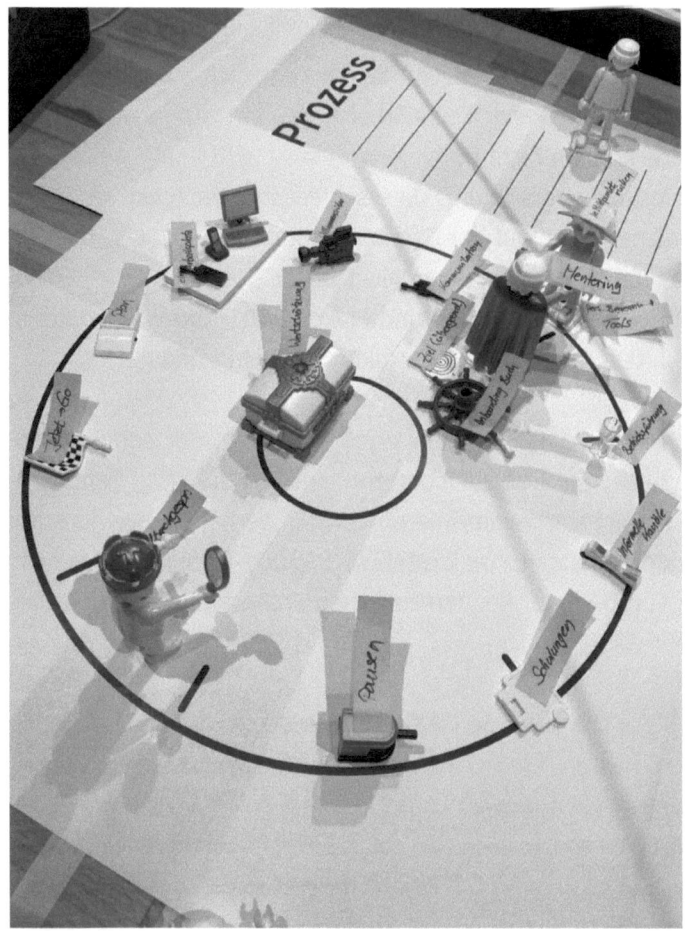

Abbildung 22: Erarbeitung eines Prozesses mit PLAYMOBIL®pro

Wie den Wal in den Kühlschrank bekommen?

Mit der Anwendung der Gamification-Methoden LEGO® Serious Play® und PLAYMOBIL®pro können komplexe Fragestellung in komplexen Systemen bearbeitet und komplexe Lösungen geschaffen werden. Da wo Einzelne den Wal nicht mehr bearbeiten können, hilft die Vernetzung und die Kollaboration. Um das wieder zu erlernen und möglich zu machen, braucht es Methoden, die dafür geeignet sind.

Zusammengefasst:

- Alle Teilnehmer sind beteiligt, keiner kann sich zurücklehnen
- 100% Redeanteil aller Teilnehmer
- Einzelne können nicht dominieren
- Gemeinsames Verständnis unterschiedlicher Perspektiven entsteht
- Gespräche finden auf der Sachebene statt
- Ergebnisse stehen im Fokus, nicht Diskussionen
- Mit LEGO® Serious Play® und PLAYMOBIL®pro werden komplexe Themen schnell, tief, intensiv und assoziiert bearbeitet und gelöst.

Wenn du mehr über die Methoden erfahren willst oder sogar Interesse an einer Ausbildung zum Facilitator/Moderator mit LEGO® Serious Play® und PLAYMOBIL®pro hast, informieren wir gerne: www.jensdroege.de und www.christiandeuschle.com. Dort erfährst du auch Termine zu Veranstaltungen, um die Methoden vorab besser kennen zu lernen und praktisch auszuprobieren.

Jens Dröge ist Trainer und Moderator und Experte für LEGO Serious Play. Er ist der deutsche Autor von SERIOUSWORK und Mastering LSP und war der erste, der die Methode für das Internet weiterentwickelt hat. Sein neuestes Buch „So funktioniert LEGO Serious Play online" erschien im April 2021. Zuvor war er Unternehmensberater bei Porsche Consulting, hatte aber laut eigener Aussage „keine Lust mehr gehabt, anderen zu sagen, was sie tun sollen". Er sagt, zu der Methode sei er gekommen wie die Jungfrau zum Kinde. Online-LSP sei eigentlich über seine Kinder entstanden: Vorlesen im Lockdown, Gehversuche mit Zoom und dann Einarbeitung in die Technik – dann der Gedanke, da muss mehr möglich sein.

Christian Deuschle ist Business-Coach, Speaker und Moderator. Er unterstützt und begleitet Menschen und Unternehmen dabei Freiräume zu schaffen wo Hindernisse vor allem in der eigenen Perspektive sitzen. Er nutzt dafür seine Erfahrung und moderne Methoden wie LEGO Serious Play und PLAYMOBIL pro, welche die Biologie der Menschen unterstützt, neue Perspektiven zu gewinnen, kreativ und aufgeschlossen zu sein und innovativ zu denken. 2020 hat er eine Ausbildung zur Moderation mit PLAYMOBIL pro konzipiert, die Menschen in Unternehmen in die Lage versetzt, dieses großartige und effektive Tool effizient und ergebnisorientiert einzusetzen.

[1] Vgl. Blair, Sean/Rillo, Marco/Dröge, Jens: SERIOUSWORK: Meetings und Workshops mit der LEGO® Serious Play®-Methode moderieren; Vahlen, München 2019

[2] Vgl. Frick, Elisabetta/Tardini, Stefano/Cantoni, Lorenzo: White Paper on LEGO®SERIOUS PLAY® - A state of the art of its applications in Europe;
https://www.academia.edu/4719724/White_Paper_on_LEGO_SERIOUS_PLAY_A_state_of_the_art_of_its_applications_in_Europe

[3] Vgl. Dröge Jens: Spielerisch innovativ sein. In: Zeitschrift Konstruktionspraxis; Würzburg 9/2020

[4] Vgl. Becker, Peter: Führen mit Herz. Wie Sie als vielseitige Führungspersönlichkeit mit Würde, Werten und Vertrauen erfolgreich in einer digitalen Arbeitswelt 4.0 führen können, EDITION managerSeminare, Bonn 2020

[5] Vgl. Dröge Jens: Spielerisch innovativ sein. In: Zeitschrift Konstruktionspraxis, Würzburg 9/2020

[6] Vgl. Dröge, Jens: Online gibt es keine kreative Methode, um besser miteinander verbunden zu sein! Oder?; in: Impulse für digitale Arbeitswelten: 14 Impulse für Veränderungen in einer digitalisierten Arbeitswelt; GABAL Impulse, Offenbach 2021

Hierarchiedesign® Oder: Agil, nur wie?

„Hierarchiedesign®". Was soll das denn sein? Oder anders formuliert: Warum könnten Sie sich dafür interessieren? Vielleicht weil Sie sich die Frage stellen: Was kann ich tun, um meine Position in einem hierarchischen System zu verändern bzw. selbst neugestalten? Und zwar nicht nur alle zwei Jahre, wenn der nächste Beförderungsschritt ansteht, sondern immer. Zu jeder Zeit. Immer dann, wenn Sie in Ihrem beruflichen Umfeld auf einen zweiten Menschen treffen. So weit so gut. Ich glaube aber, dass Sie hinter diesem Thema nicht nur eine persönliche, sondern natürlich auch eine organisationale Relevanz vermuten. Das wäre nachvollziehbar, denn organisationale Veränderungen gehen auch häufig mit hierarchischen Veränderungen einher. Und wenn hierarchische Veränderungen vorgenommen werden, dann beeinflusst man damit auch immer den Status einzelner Personen. Und wenn es um den Status einzelner Personen geht, dann geht's ganz schnell ans Eingemachte. Oder positiv formuliert: Dann stehen Sie vor einer Change entscheidenden Herausforderung!

Stellen wir uns jetzt einmal vor, die hierarchische Situation in Ihrem Unternehmen wird verändert. Genauer gesagt, man hat beschlossen, jetzt in Zukunft agil arbeiten zu wollen. Dann stellt sich die Frage: Was braucht es, damit Menschen agil werden wollen und können? Was ist hierarchisch gesehen, das besondere und herausfordernde an agilen Arbeitsmethoden? Lassen sie mich diese Frage an einer der bekanntesten agilen Methoden, und zwar Scrum beantworten. Scrum ist einer Arbeitsweise, die ursprünglich aus dem IT-Bereich kommt, aber jetzt auch in andere Arbeitsbereiche übertragen wird. Ziel ist es, kleine, sich selbst organisierende Teams zu bilden, die in der Entwicklung von Produkten und Dienstleistungen schneller auf Kundenbedürfnisse reagieren können. Und wir tun jetzt einmal so, als würde dieses Scrum bei Ihnen im Unternehmen oder dem Unternehmens ihrer Kunden eingeführt. Was passiert dann da?

Stellen wir uns weiter vor: Es gibt in dem umzustrukturierenden Team einen Gruppenleiter (GL), der führt einen Teamleiter (TL) und der wiederum führt mehrere

Mitarbeiter. Dann passiert bei Scrum vereinfacht dargestellt folgendes: Der GL wird Teil des sich selbst organisierenden Teams. Der TL ebenso. Dafür gibt es zwei neue Sonderrollen: Den Scrummaster (SM) und den Projektowner (PO) Und vor allen Dingen: die hierarchischen Bezugslinien fallen weg. Oh Schreck!

Jetzt tue ich mal das, was wir als Unternehmenstheater immer tun, wenn wir solche Prozesse begleiten: Wir versetzen uns in die Personen hinein, die den Change Prozess später umsetzen müssen.

Wie fühlt sich wohl dieser Gruppenleiter? Was denkt er, fragen wir uns?

Gruppenleiter: „Vorher war ich weisungsberechtigt und hatte Personalverantwortung jetzt bin ich einer unter gleichen – Na hoffentlich interpretiert das niemand als Karriereknick."

Teamleiter: „Mh, ich bin zwar nicht mehr Teamleiter aber dafür Scrummaster: Sonderstatus! Ha! Aber mal unter uns, ist der SM quasi nicht so was wie ein Schiedsrichter? Also wenn ich da an früher denke, Schiedsrichter, wollte nie einer sein. Wir wollten doch immer alle selber bolzen. Also, ich weiß nicht!"

Mitarbeiter: „Vor meinem TL und meinem GL soll ich jetzt offen und ehrlich sagen, was ich von seiner „innovativen" Idee halte! Besser nicht!"

Projektowner: „Weil ich der erfolgreichste Vertriebler bin, den Kunden am besten kenne und eine Fortbildung gemacht habe, bin ich der Projekt Owner! Aber ich soll jetzt die Interessen des Kunden gegenüber meinem ehemaligen TL und GL durchsetzen? Entschuldigung, wer sagt mir denn, dass dieses Scrum nicht nur vorrübergehend ist? Ne, lieber schön den Ball flach halten."

Zugegeben nicht die innovativsten Charaktere, aber was hier deutlich wird: Wenn sich die formelle Hierarchie in einer Organisation verändert, wird die informelle Hierarchie plötzlich umso wichtiger. Lassen sie mich diesen kleinen, aber entscheidenden Unterschied einmal genauer beleuchten: Die formelle Hierarchie ist in einer Organisation in der Regel in einem Organigramm festgehalten und darin wird beschrieben wie Vorstand, Gruppenleiter, Teamleiter, Mitarbeiter zueinanderstehen bzw. wer unter wem weisungsberechtigt aufgehängt ist. Die Interpretation, dieser HR-Wortschöpfung überlasse ich jetzt Ihnen.

Die informelle Hierarchie ist im Gegensatz dazu das, was jede Sekunde neu ausgehandelt wird und lässt sich am besten mit dem sozialen Rang oder dem Status in einer Gruppe oder gegenüber einer zweiten Person beschreiben. Und was es mit diesem Status genau auf sich hat, dazu kommen wir jetzt im „szenischen" Teil.

Während meines Vortrags würde ich jetzt eine Theaterszene spielen. In diesem Fall sind Sie als Buchleser aufgefordert, sich folgendes vorzustellen: Sie beobachten eine Szene zwischen einer Führungskraft und einem Mitarbeiter. Die Szene könnte überschrieben sein mit dem Titel: „Innovation findet nicht im Olymp statt". Dafür habe ich eine Szene gewählt, wie sie so bei Nokia hätte stattgefunden haben können oder so sogar stattgefunden hat. Die Szene spielt 2007. Zu dieser Zeit besaß der finnische Produzent NOCH eine Marktkapitalisierung von 250 Mrd. USD – nur 6 Jahre später wurde das Unternehmen für 7,2 Mrd. USD an Microsoft verkauft.

Dialog bei Nokia

Person A: Hätten sie gerade noch einmal einen kurzen Moment?

Person B: Sehr gern. Nehmen sie Platz, Herr Mäkinen.

Person A: Danke. Ich wollte noch einmal auf den kapazitiven Touchscreen zu sprechen kommen...

Person B: Ich weiß, ich weiß: dieser Bildschirm lässt sich mit Wischbewegungen scrollen und mit zwei Fingern Inhalte heranzoomen.

Person A: Genau. Ich halte das für zeitgemäßer als unsere aktuelle Bildschirmtechnologie, die nur auf Druck reagiert.

Person B: Ach wirklich?!

Person A: Unbedingt.

Person B: Herr Mäkinen, ich würde sagen: Sie hören von mir.

Sie haben den Verlauf dieser Entwicklung bei Nokia damals möglicherweise mitverfolgt: Gegen das iPhone-Konzept der berührungsempfindlichen Bildschirme und intuitiver Benutzerführung wehrte sich Nokia zu lange - so lange, bis der Abstand zu Apple zu groß war. Asiatische Hersteller wie Samsung, die auch auf das iPhone-Konzept setzten, verdrängten Nokia noch weiter.

Stellen Sie sich bitte vor Person B wäre in dieser Szene dem Herrn Mäkinen gegenüber bossy, leicht herablassend, etwas überheblich aufgetreten. Woran hätten Sie dies festgemacht? Was wäre tatsächlich passiert, dass Herr Mäkinen dieses Gefühl hätte haben können? Oder um in der Theatersprache zu bleiben: Welche Regieanweisungen hätten sie in den Text geschrieben, um den oben beschriebenen Eindruck herzustellen?

Die Person A lässt Person B vor dem Eintreten warten, bevor er „Herein!" ruft.

Person A sieht beim Eintreten von Herrn B aus dem Fenster.

Person A sieht, während er mit Person B spricht, weiter aus dem Fenster.

Person A fällt Person B ins Wort.

Person A geht, während er spricht, hinter dem Rücken von Person A auf und ab.

Usw.

Wenn dies so geschehen wäre, würde Herr Mäkinen wohl noch einen weiteren Versuch starten, sich für das kapazitive Touchscreen einzusetzen? Sicher nicht. Denn dem Vorgesetzten von Herrn Mäkinen schien die Hierarchieebene wichtiger zu sein als die Sachebene. Umgangssprachlich könnte man sagen: Er war nicht in der Lage „von seinem hohen Ross herunterzusteigen" er agierte „von oben herab". Wie hätte sich das bemerkbar gemacht? An der Stimme, der Blickrichtung, an der Stellung im Raum und so weiter. Wir werden dafür weiter unten die wichtigsten Kriterien sammeln, die die informelle Hierarchie ausmachen, definieren, gestalten.

Stellen wir uns jetzt einmal die gleiche Situation noch einmal vor. Gleiche handelnden Personen sogar genau gleicher Text. Nur jetzt fühlt sich Herr Mäkinen willkommen und eingeladen: Er hat das Gefühl, man ist an seiner Meinung interessiert. Wie sähe die Szene dann aus? Was wäre anders als beim ersten Mal? Was stünden im Text für Regieanweisungen?

Person A kommt Person B zur Begrüßung entgegen.

Person A setzt sich, wenn Person B Platz genommen hat.

Person A wartet ab, bis Person B ausgesprochen hat. Usw.

Ich denke wir sind uns einig: Das Gespräch zwischen Herrn Mäkinen und seiner Führungskraft würde an anderer Stelle konstruktiv weitergeführt. Textlich blieb ja alles gleich, lediglich die informelle Hierarchie wäre eine andere. Ich bin überzeugt, die Geschichte von Nokia, hätte so eine andere Wendung genommen.

Lassen Sie uns jetzt die Kriterien, die die informelle Hierarchie ausmachen, einmal genauer unter die Lupe nehmen und sammeln. Sie werden sehen, wie leicht wir sie verändern können. Lassen Sie uns dafür einmal den Körper durchscannen. Genauer gesagt zweimal. Jeder untenstehende Begriff wird zweimal beleuchtet.

Einmal erforschen wir den Körper auf Signale, die auf Dominanz abzielen und beim zweiten Mal auf Unterwerfung. Die beiden Begriffe habe ich mir aus der Biologie entliehen. Wenn es Ihnen leichter fällt, sagen sie dazu satt „Dominanz und Unterwerfung" einfach, „Königrang und Dienerrang" oder „Hoch- und Tiefstatus". Wir im Theater sprechen beim Proben tatsächlich von Hochstatus und Tiefstatus. Ist aber kein geläufiger Begriff deswegen hier jetzt Dominanz und Unterwerfung.

Status-Kriterien

Raumwahrnehmung
Muskeltonus
Lautstärke
Blick
Zeit
Atmung
Stimmsitz
Interpunktion

Nehmen wir uns jetzt jeden der Begriffe einmal kurz vor und untersuchen wir ihn auf sein Dominanz- und auf sein Unterwerfungspotenzial. Oder anders formuliert: wie geht der dominante Mensch und wie geht der sich unterwerfende Mensch damit um?

Raumwahrnehmung:
Was für einen Glaubenssatz prägt den dominanten Typ, was den Raum anbelangt? Richtig: „Alles meins. Der ganze Raum gehört mir. Ich bin Herr über den Raum. Alle andern werden in diesem Raum maximal geduldet". Im Gegensatz dazu der sich unterwerfende Typ: „Ich bin ein Störfaktor, ich bin ein Fremdkörper" oder überspitzt formuliert: „Meine Existenz endet an meiner Haut."

Muskeltonus:
Wie lässt sich nun die muskuläre Situation beschreiben:
Beim dominanten Typ: der Körper ist entspannt, lässig, geschmeidig, zurückgelehnt.

Beim sich unterwerfenden Typ: Arme eng an den Körper gepresst, angespannt, Schultern hochgezogen, Fußspitzen nach innen gedreht. (Pressen Sie einmal Ihren Ellenbogen gegen den Körper und winken sie dann. Am besten verbunden mit einem stimmlich zu hohen: „Hi", dann wissen Sie, was ich meine.)

Lautstärke:

Dominant: Laut, Raum füllend, polternd, mit donnernder, tönender Stimme.
Unterwerfend: leise, hauchend, „Der Leisetreter", bloß kein Aufsehen erregen und im Hintergrund bleiben wollend.

Blick:

Dominant: „Von oben herab", direkt gegenüberstehend in die Augen blickend oder irgendwo hinsehend z.B. aus dem Fenster, ins Handy oder den Bildschirm sehend oder der Klassiker: Während dem Gespräch in aller Ruhe seine Fingernägel betrachtend.
Unterwürfig: Kaum den Bickkontakt halten könnend, gesenkt, zu Boden sehend, zwinkernd.

Zeit:

Kommen wir jetzt zu dem wichtigsten aller Kriterien: Dem Umgang mit der Zeit. Wie geht der dominante Typ und wie der submissive Typ mit Zeit um?
Dominant: Er GESTALTET die Zeit. Und dabei hat er zwei Optionen: Er rafft oder er dehnt sie. Raffen: Er verkürzt oder beschleunigt Prozesse, baut Zeitdruck auf, setzt Fristen etc. Oder wenn er die Zeit dehnt: Er läßt warten, hält sich nicht an Fristen und macht im Sprechakt Pausen, wie es ihm beliebt.
Unterwürfig: Er ist der „Zeiteresteverwerter". Er reagiert auf die Zeitbedürfnisse anderer, wartet ab oder beeilt sich. Und spätestens jetzt erkennt man die große Relevanz dieses Kriteriums, weil Zeit ja immer stattfindet und nicht nur wie ich oben schrieb „alle zwei Jahre, wenn der nächste Beförderungsschritt ansteht." Ein permanent relevantes Kriterium.

Atmung:

Der dominante Typ: Atmet tief ein und aus. Er füllt die Lungen. Am besten noch mit Geräusch für alle hörbar.

Der unterwürfige Typ: Er atmet flach, schnell oder gar nicht. Sprich: er hält erwartungsvoll die Luft an.

Stimmsitz:

Beim dominanten Typ hat die Stimme ihren Ursprung im unteren Brustbereich. Man spricht „aus dem Bauch heraus". Die Stimme ist tief im Körper verankert.

Beim unterwürfigen Typ hingegen scheint die Stimme aus dem Kehlkopfbereich zu kommen dazu noch eine Oktave zu hoch.

Jetzt kommt mein Lieblingskriterium. Die...

Interpunktion:

Der dominante Typ, ist sich im Sprechakt jedes Satzzeichens bewusst. Er weiß einen Satz mit einem deutlich hörbaren Punkt zu versehen. Manchmal wird dies sogar verbalisiert mit einem deutlich vernehmbaren: „Punkt". Die Kommas, dienen klar hörbar dazu, den Haupt- von den Nebensätzen zu trennen. Kommt etwas Wichtiges, wird der Doppelpunkt geradezu zelebriert und endet eine Aussage mit einer Aufforderung, ist das Ausrufezeichen unüberhörbar.

Der unterwürfige Typ, wie verwendet der Satzzeichen? Er verwendet sie gar nicht. Er redet buchstäblich ohne Punkt und Komma oder sich um Kopf und Kragen.

Sie sehen, wenn man sich diese Kriterien genauer betrachtet, erkennt man dessen Potential für die Gestaltung unserer hierarchischen Beziehungen. Die informelle Hierarchie, die häufig nur unbewusst stattfindet, wird so beschreibbar und damit aber auch besprechbar.

Und jetzt schauen wir uns nochmal die 5 Personen von weiter oben an, bei denen Scrum eingeführt wird: Wäre es nicht von großem Vorteil, wenn jeder einzelne von denen verstanden hätte, wie er mit diesen Kriterien das eigene Statusverhalten reflektiert – und es damit verändert werden kann?

Wären die 5 dann nicht viel freier in der Wahl, bei der eigenen Expertise, sich den Raum zu nehmen und bei der Expertise der anderen, Raum zu geben? Also kurz gesagt: Wäre dies nicht eine Möglichkeit: Weg von der Organigramm-Hierarchie hin zur Kompetenz-Hierarchie?!

Um so ein reflektiertes Verhalten an den Tag legen zu können, braucht es allerdings fünf Grundverabredungen:

1. Die informelle Hierarchie ist kein Tabuthema und damit besprechbar. Stichwort: „Boss, was bist Du denn so bossy?"
2. Status ist nichts Statisches. „Ich setz mir mal für dieses Thema den Hut auf."
3. Ich bin mehr als mein Status. „Mein Seelenheil ist nicht davon abhängig, welchen sozialen Rang ich innerhalb eines Meetings einnehme."
4. Alle, die im Raum sind, sind richtig und wichtig und werden gehört.
5. Content ist king.

Sollten Sie in einer Organisation tätig sein, in dem bereits diese Verabredungen gelten, gratuliere ich Ihnen. Falls nicht, kommen Sie gerne auf uns zu!

Michael Bandt ist Regisseur, Autor, Trainer und Keynotespeaker. Nach Stationen auf deutschen Bühnen, wie dem Schauspielhaus Hamburg, Kampnagel Hamburg oder dem Bayerischen Staatsschauspiel München prägt er heute das Scharlatan Theater als Künstlerischer Leiter. Gemeinsam mit Beate Ebel, Geschäftsführung, steht er für die Qualität von über 50 Scharlatan Theater-Produktionen pro Jahr.

BALANCE: INTRO VON JULIANE PILSTER

„Strebe nach Ruhe, aber durch das Gleichgewicht, nicht durch den Stillstand deiner Tätigkeit." – das sagte schon der deutsche Dichter, Philosoph und Historiker Friedrich Schiller (1759-1805). Es geht also darum, das System, in dem Du lebst, zu gestalten und nicht im Sinne eines Mikado-Spiels zu verharren, in dem eine Bewegung mit Verlieren gleichgesetzt wird. Vielmehr haben wir die Aufgabe, eine Balance herzustellen zwischen den Kräften, die wirken in dieser Welt. Und davon gibt es viele. **„Zwischen 20 Stühlen, alles auf halb acht."** heißt es im Song in_between, der im Rahmen der Konferenz im Jahr 2021 gemeinsam mit den Teilnehmenden und den beiden wunderbaren Musikern Tina-Maria Aigner und Florian Miro entstanden ist. Und wer kennt es nicht: Die Geschwindigkeit, mit der Informationen auf uns einprasseln und mit der sich die Dinge verändern, erfordert schon besondere Balancierkünste, um alle Bälle gleichzeitig in der Luft zu halten. Zumal wir einfach immer mittendrin und ständig mit Extremen konfrontiert sind, die wir in irgendeiner Form in Einklang bringen müssen: Wie steht es um die Potentiale aus dem Zusammenwirken von Frauen und Männern? Was macht die Work-Life-Balance? Werden wir uns bald in Präsenzarbeit wiedertreffen oder bleibt es bei überwiegend Remote-Arbeit? Liegt der Fokus auf guten Geschäftszahlen oder auf zufriedenen Mitarbeitenden? Sollten wir zukünftig auf künstliche Intelligenz setzen – oder auf menschliche? Wieviel Altes sollte zu Gunsten von Neuem zurückgelassen werden? **„Alles hat zwei Seiten, finde die Balance."** lautet der Ratschlag im weiteren Verlauf des Songs. Als ob das so einfach wäre! Wo ist denn dieser Punkt, an dem alles im Gleichgewicht ist? Wie können wir ihn finden und erreichen? Darauf gibt es wohl kaum eine allgemeingültige Antwort. Allerdings gibt es ein paar gute Ideen, wie wir entgegengesetzte Kräfte ausbalancieren können und Integration von Verschiedenartigkeit ist dabei das Gebot der Stunde. So erläutert Rebecca Rutschmann in ihrem Beitrag, wie wir von Maschinen im Kontext von Coaching profitieren können und gleichzeitig die besonderen Fähigkeiten von Menschen wie Mitgefühl, Träume, Empathie, Vorstellungskraft, Kreativität, Abstraktionsvermögen und gesunder Menschenverstand stärken können. Auch Führung spielt für die Balance innerhalb einer Organisation eine sehr große Rolle. Silvia Hagen und Claudia Simsek-Graf greifen in diesem Zusammenhang auf das

Bewusstseinsstufenmodell Spiral Dynamics zurück und erklären, wie es in komplexen Situationen genutzt werden kann, um Gegensätze in Balance zu bringen. Das Kapitel beginnt mit den Ausführungen von Rini van Solingen, der die Teilnehmenden in seiner Keynote in das Land der Bienen entführt hat. Im Mittelpunkt stehen Hinweise zum Führungsverhalten eines Imkers, dessen Honigertrag dann am besten ist, wenn das Gesamtsystem in Balance ist. Auch im Themenfeld Balance wird es also immer wieder deutlich, dass sich in Organisationen schon vieles verändert hat und zahlreiche intensive Veränderungen noch auf sie zukommen werden. Diese Veränderungen sind nötig, um auch in Zukunft bestehen zu können und die gute Nachricht ist, dass Menschen dazu grundsätzlich bereit sind. **"Der Mensch ist ein Gewohnheitstier und will sich doch verändern."** ist die dazugehörige Textzeile aus dem in_between-Song. Um sich zu verändern, braucht ein Mensch allerdings Mut. Mut, aus sich rauszukommen. Und raus aus dem üblichen Trott. Aus den gewohnten Bahnen. Raus aus der Komfortzone. Mut wird befördert durch das passende Umfeld, in dem Veränderungsbereitschaft honoriert wird, indem Experimente willkommen sind und in dem er sich sicher fühlen kann. Gefühlte Sicherheit kann geschaffen werden durch vertrauensvolle Beziehungen, aber auch durch klare Rahmenbedingungen sowie transparente Informationsflüsse und Entscheidungswege. All das sorgt für ein Stück Stabilität, die es leichter macht, sich auf Veränderungen einzulassen und auf diese Weise in Bezug auf die Außenwelt adaptiv zu agieren. So ganz wird sich die Angst vor Veränderungen jedoch nicht nehmen lassen. Der eine hat mehr davon, der andere weniger. In jedem Fall kann auch ein gutes Umfeld keine ultimative Sicherheit bieten. Schon gar nicht in Zeiten, in denen sich alles ständig und immer schneller verändert. So muss ein weiteres Wortpaar in Balance gebracht werden, wie im Song nachgehört werden kann: **„Ohne Angst kein Mut."**

Juliane Pilster ist agile Führungskraft mit Leib und Seele. Die Wirtschaftsingenieurin in der Fachrichtung E-Technik (TU Chemnitz) hat in verschiedenen Fach- und Führungspositionen in unterschiedlichen Unternehmen und Branchen lernen dürfen, dass die Erfolgsfaktoren einer agilen Organisation sind, wie die Menschen darin zusammenarbeiten und welches Umfeld ihnen dafür zur Verfügung gestellt wird.

How to lead as a beekeeper?

When an organization starts working with self-organizing teams, many things change for the managers. Directive leadership makes way for facilitating and for servant leadership. This means: creating conditions under which teams can be successful, coaching teams to improve themselves, and helping them to solve their problems.
You could compare the new role of a manager with that of a beekeeper. A beekeeper is needed, because without a beekeeper, the honey does not end up in the store. However, he is superfluous in the work itself – making honey. After all, bees in the wild can survive easily without a beekeeper. We see eight ways to lead as a beekeeper.

1. Determine the type of honey (give direction and focus).
There are many kinds of honey and the beekeeper chooses which kind he wants to sell. A servant leader guides teams through vision and clear goals. As a result, teams know why they are here and can achieve those goals through self-organization, by themselves without interference from the leader. A clear definition of success (DoS) can help with this. After all, if teams don't know exactly what success is, how can't they possibly be successful?

2. Place the hive (create a success environment).
A beekeeper places the hive in a good and safe place, close to the blossom from which he wants honey. In this way, a beekeeper creates an environment in which a colony of bees can be successful. Creating such a 'context for success' is a crucial task of a beekeeping manager. He creates all the conditions for the teams to deliver results independently. Within that safe environment, each team is allowed to organize its own work and take responsibility for the result. If success is not forthcoming, the leader wonders where he has failed. Because apparently, he failed to create a success-context.

3. Harvest honey (ask iterative and frequent results).

A beekeeper does not interfere with the work process of his bees; that they figure out by themselves. What a beekeeper does, however, is harvest regularly. Obviously because then the honey can be sold, but above all to check whether everything is going well. A beekeeping manager does the same: he demands regularly delivery, and ensures that results become available. He places the responsibility for that process, however, where it belongs: with the people who do the work.

4. Free up space in the hive (motivate with work).

However, the main motive for a beekeeper to harvest is not the honey itself but is mainly to free up space in the hive. Bees will continue to make honey until the hive is full. Then they stop working. By making room for new honey, a beekeeper activates the bee population. A beekeeping manager ensures that there is always new, fun and challenging work to do. Being able to deliver real value in short cycles, completing innovative solutions and being in direct contact with customers that are happy with the work: that is unbelievably motivating. So, a beekeeping manager ensures that that happens.

5. Provide a fitting beehive (provide team-specific frameworks).

Every bee colony is different and therefore deserves its own way of managing. A beekeeper therefore offers a hive that corresponds to the size of the colony: small colonies a small hive, large colonies a large one. Beekeeping leaders do the same. They manage teams through frameworks. And since every team is different, every team needs its own frameworks to be successful. Depending on the degree of independence of a team, a certain leadership style is required. Starting teams require a different way of management than highly experienced teams. The frameworks for the teams are flexible and are being expanded incrementally to help teams take even more ownership later. Isn't that much more complicated for a manager? Yes of course! A leader in an organization with self-managing teams is expected to have far more leadership skills than a leader who manages his teams through command and control.

6. Solve problems (remove blockages).

Beekeepers solve problems. But watch out! Only the problems that bees cannot solve themselves. Leading as a beekeeper means actively looking for blockages that bother teams. And especially blockages that they do not see themselves or that they consider to be unsolvable. At the same time, it is desirable that self-organizing teams can really do everything themselves. A beekeeping leader therefore actively works to make himself completely redundant, including by teaching teams to discover and solve problems on their own.

7. Split successful bee colonies (develop success teams through growth).

Once a bee colony grows too large, a beekeeper splits it. He does not do this alone, by the way: the bees are largely responsible for this. If the colony becomes too big for the hive, half of them leave to build their own nest elsewhere. This is called a "swarm"; it usually hangs like a large clump in a nearby tree or bush. The beekeeper 'catches' the swarm and places it in a new (smaller) hive. Beekeeping leaders develop their teams. The most successful teams grow the fastest and become too large first. Once a team starts complaining that the size of the team is causing them to slow down, it's time to split it into two (or sometimes even three) independent teams. Ideally, the team members themselves choose how they do this. The great advantage of dividing successful teams is that knowledge, culture, competences and working methods are transferred at team level first. Before the team is split and especially in teams that are successful. A beekeeping leader therefore preferably does not build completely new teams from scratch. A beekeeper creates teams by helping successful teams grow and then splitting these up.

8. Trust your bees endlessly (always look at yourself).

A beekeeper never blames the bees. He is sure that they will always produce honey, he trusts that. If it doesn't work, the beekeeper looks at himself. Apparently, he has not yet created a full-fledged success environment, otherwise success would have been achieved. A beekeeping manager always looks at himself when problems arise and never blames his teams. After all, he himself created the situation in which things went wrong. Leading self-organizing teams therefore requires unlimited confidence in the knowledge and skills of the teams. In addition, it requires a great deal of self-reflection and modesty from the manager.

Rini van Solingen is a part-time professor at the Delft University of Technology. At TU Delft, he teaches and conducts research on global software teams. Additionally, Rini is the CTO of Prowareness We-On (www.prowareness.nl). There, he helps organizations to increase their speed and agility. Leadership of large-scale Agile transformations and implementing Agile with tens or hundreds of teams is his specialty. In 2010, Rini wrote the bestseller "The Power of Scrum" (along with Jeff Sutherland and Eelco Rustenburg), in which he explains Scrum in narrative form. In 2014 he wrote "Scrum for Managers" (together with Rob van Lanen), to assist managers to direct teams in an Agile framework. With Vikram Kapoor he wrote "The Responsive Enterprise", a book about the most important practices in flexible and agile enterprises. In 2020 he published "Formula X – How to reach extreme acceleration in your organization?" with Jurriaan Kamer. All four books have also been published in German and Dutch. Rini can be contacted via r.vansolingen@prowareness.nl or rini@rinivansolingen.nl. Don't hesitate to approach him with a question or discussion. He enjoys hearing from you and (mostly) responds faster than you might expect.

Read more about beekeeping leadership?
▪ How to lead self-managing teams? - Changing leadership from sheepherding to beekeeping – A Business Novel, published by KDP (http://a.co/dwURyaQ)
▪ Der Bienenhirte - über das Führen von selbstorganisierten Teams: Ein Roman für Manager und Projektverantwortliche, DPunkt Verlag (http://a.co/d/7xKkoOA)

Watch the key-note presentation online (video)
The recording of the keynote (in German) can be watched via this link:
https://www.youtube.com/watch?v=Dgb_XQF9NJg

Coachen und führen uns schon bald die Roboter?

Abbildung 23: Führen und Coachen uns schon bald die Roboter?

Coaching ist für die meisten eine persönliche und menschliche Begegnung, die gefühlt durch die Empathie des Coaches geprägt wird. Empathie bedeutet dabei, die Fähigkeit und Bereitschaft, die Empfindungen, Emotionen, Gedanken, Motive und Persönlichkeitsmerkmale einer anderen Person zu erkennen, zu verstehen und nachzuempfinden. Coaching hat sich als begleitende Funktion innerhalb von Organisationen vor allem im Bereich des Lernens, des Wachstums, des Wohlbefindens, der Selbstwahrnehmung, des Karriere Managements und der Verhaltensänderung von Menschen durchgesetzt. Aber was, wenn der Coach in Zukunft vielleicht gar kein Mensch mehr ist, sondern eine Maschine?

Chatbots und die Zukunft der Mensch-Maschine-Interaktion

Chatbots - eine Zusammensetzung aus den englischen Wörtern „Chat" und „robot" - sind Programme, die eine Unterhaltung simulieren, in der Regel per Textnachricht. Oft liefern sie ihrem Gesprächspartner vor allem vorgefertigte Antworten auf bestimmte Fragen, können aber durch den Einsatz von künstlicher Intelligenz immer individueller auf ihr Gegenüber reagieren.

Der humanoide Roboter Sophia von Hanson Robotics zum Beispiel ist die erste menschenähnliche Erscheinung mit der komplexen Fähigkeit, Emotionen auszudrücken. Sie imitiert menschliche Gesten und Gesichtsausdrücke und ist in der Lage, bestimmte Fragen zu beantworten und einfache Gespräche über vordefinierte Themen zu führen, wie zum Beispiel über das Wetter. Sophia nutzt Spracherkennungstechnologie von Google und ist so konzipiert, dass sie mit der Zeit immer intelligenter wird. Ihr KI-Programm analysiert Unterhaltungen und extrahiert Daten, die es ihr ermöglichen, ihre Antworten in Zukunft zu verbessern.

„Guten Morgen! Gestern warst du ja ziemlich gestresst. Geht es dir heute besser?" Klingt wie eine besorgte Nachricht von Freunden oder Eltern, stammt aber vom Chatbot Replika der Erfinderin Eugenia Kuyda, die damit ihren besten Freund, der bei einem Autounfall starb, weiterleben lassen wollte. Sie arbeitete zu dem Zeitpunkt für eine Softwarefirma, die Chatbots entwickelte. Inzwischen kann sich jeder einen eigenen Replika erstellen. Der Chatbot passt sich mehr und mehr den sprachlichen Gewohnheiten seines Gegenübers an, die Themen bestimmt der Mensch. Je mehr man mit dem Chatbot spricht, desto persönlicher werden die Fragen.

Auch im Weltall auf der ISS kommt mit CIMON 2019 der erste fliegende, autonome Astronauten-Assistent der Welt mit künstlicher Intelligenz zum Einsatz. Er soll auch erforschen, ob intelligente Assistenten zum Stressabbau beitragen können. Als Partner und Assistent könnte CIMON die Astronauten bei ihrem hohen Arbeitspensum an Experimenten, Wartungs- und Reparaturarbeiten unterstützen und so ihre Stressbelastung reduzieren. CIMON legt den Grundstein für soziale Assistenzsysteme, die den Stress, der durch Isolation oder Gruppendynamik bei Langzeitmissionen entsteht, reduzieren könnten. Solche Systeme könnten möglicherweise auch dazu beitragen, ähnliche Probleme auf der Erde zu minimieren.

Zukünftige Arbeitsplätze und der Faktor Zeit

Laut einer Oracle Studie zum Thema "Future Workplace" von 2019/2020 trauen 64% der Mitarbeiter einem Roboter schon mehr als ihren Vorgesetzten. Erschreckend? Eigentlich nicht wenn man sich überlegt, dass dabei vor allem Themen wie die Kommunikation unvoreingenommener Informationen, die Einhaltung von

Arbeitsplänen, die Problemlösung sowie die Verwaltung eines Budgets einen großen Einfluss hatten. Aber auch Themen wie Gefühle verstehen, Coaching und Arbeitskultur schaffen werden Robotern schon teilweise zugetraut. Was kognitive Systeme heute schon wirklich gut und besser können als Menschen sind vor allem Spracherkennung, Mustererkennung, Unvoreingenommenheit, endlose Kapazitäten und Standortanalysen.

Aber was bleibt dann noch für uns Menschen? Dinge, in denen uns Maschinen auch in etwas fernere Zukunft sicherlich nicht überholen werden, sind vor allem Themen wie Mitgefühl, Träume, Empathie, Vorstellungskraft und Kreativität, Abstraktionsvermögen und ganz vorne dabei: gesunder Menschenverstand.

Wenn wir uns als Menschen darauf einlassen Maschinen als Unterstützung für unsere repetitiven und analytischen Aufgaben einzusetzen, verschaffen wir uns damit mehr Zeit. Mehr Zeit für den Faktor Mensch, für Beziehungen, mehr Zeit für Coaching und die eigentliche Führung und Begleitung von Menschen. Denn nichts fördert Kreativität so sehr wie Langeweile, also eigentlich freie Zeit!

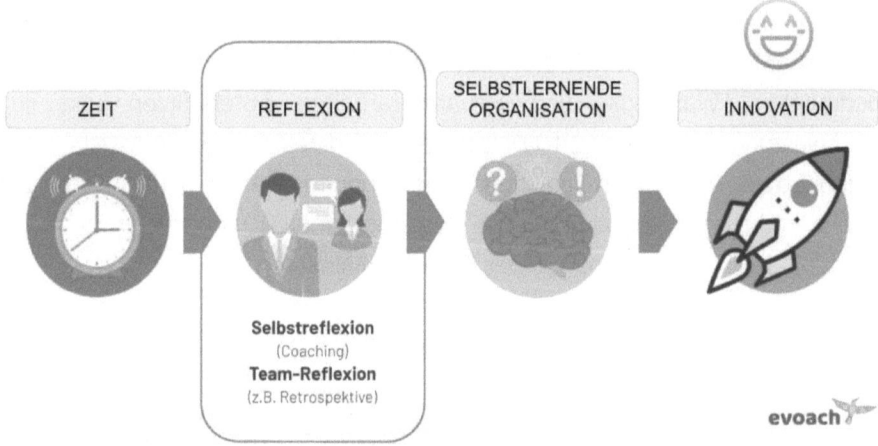

Abbildung 24: Der Weg zu mehr Innovation

Der Zusammenhang von Zelt & Innovation

Das was sich Unternehmen also schon lange wünschen, nämlich mehr Innovation durch eine selbstlernende Organisation kann nur dann entstehen, wenn wir den Menschen innerhalb der Organisation mehr Zeit für Selbstreflexion und Reflexion in den Teams geben. Daraus entstehen neue Ideen, Denkansätze und letztendlich bessere Prozesse und Produkte. In der Summe also eine wesentlich höhere Innovationskraft. Man kann nicht mehr als 100% arbeiten und durch mehr Arbeit entsteht nicht mehr, sondern tatsächlich nachweislich oft auch weniger. Jüngste Studien belegen, dass wir am Tag nicht mehr als 6 Stunden konzentriert und produktiv in unseren oft hochkomplexen Jobs arbeiten können.

Wann sind euch bisher die besten Ideen gekommen? Beim Abarbeiten eurer ToDos oder doch beim Duschen, Fahrrad fahren oder beim aus dem Fenster schauen im Zug oder Auto (als Beifahrer dann natürlich). Vielleicht ja sogar bei Unterhaltung mit Freunden über ganz andere Themen?

Coaching-Kultur als Garant für die VUKA-Welt

Laut einer unveröffentlichten Studie der Hochschule Darmstadt und Axel Klimek ist die Existenz einer Coaching-Kultur in Unternehmen auch Erfolgsgarant für die VUKA-Welt. Je ausgeprägter und reifer die Coaching Kultur desto besser gerüstet sind Unternehmen für die VUKA-Welt. Sie können dadurch leichter mit Veränderungen umgehen und machen sich die Möglichkeiten der Digitalisierung besser zu nutze.

Doch was ist eigentlich die Magie von Coaching?

Die Magie von Coaching besteht aus zwei wichtigen Bausteinen: Zu einem aus der Kunst sinnvolle Fragen zu stellen, zum anderen aus einer guten Prozessbegleitung innerhalb des Coaching-Prozesses. Dabei ist der Coach für den Prozess verantwortlich, der Coachee für den Inhalt. Man geht im Coaching davon aus, dass jeder die Mensch die Lösung in sich trägt und ein Coach die Aufgabe hat, diese mit dem Coachee gemeinsam zu finden und somit im System des Coachees zu bleiben. Meine Lösungen, die ich mit meinen Erfahrungen und in meinem System gemacht habe, müssen nicht unbedingt auch die richtigen Lösungen für andere sein, oft ist es auch kontraproduktiv und verschwendet wertvolle Lebenszeit meines Coachees, wenn er sich erstmal an meinen Lösungen orientiert. So gilt Coaching heutzutage als eines der besten bekannten Mittel um Konflikte nachhaltig zu lösen.

Coaching Challenge: ein Selbstversuch

Stellt eine Woche doch mal nur Fragen an eure Kollegen, Teammitglieder oder auch Freunde oder Familie. Gebt keine Antworten, Tipps, Hinweise oder Aufgaben und schaut dann mal, was passiert.

Rebecca Rutschmann ist Gründerin des Coaching-Tech Startups evoach. Vor evoach hat Sie unter anderem interne Führungskräfte-Kommunikations-Programme in der IT aufgebaut und im Rahmen dessen 2008/2009 eine Business-Coach Ausbildung absolviert. Neben ihrer darauffolgenden langjährigen Tätigkeit in der Konzeption von digitalen Nutzererlebnissen holte Sie 2017 ihr offizielles Coaching-Zertifikat nach und schrieb ihre Abschlussarbeit zum Thema Online-Selbstcoaching. Mit evoach arbeitet sie mit ihrer Mitgründern Anke Paulick daran Coaching zu digitalisieren und einen niederschwelligen Einstieg in Coaching für Coachees und Unternehmen zu schaffen.

Weiterführende Links & Quellen:
- https://www.oracle.com/a/ocom/docs/applications/hcm/ai-at-work-ebook.pdf
- https://weneedtotalk.ai/
- https://instituteofcoaching.org/blogs/are-we-biased-exploring-biases-coaching-practice
Related Research:
- https://www.researchgate.net/publication/341821157_Factors_that_influence_users'_ad option_of_being_coached_by_an_Artificial_Intelligence_Coach
- https://www.semanticscholar.org/paper/A-design-framework-to-create-Artificial-Coaches-Terblanche/67b4972c3e2f7b205d024dd7b9045067e2e6dfe5
- https://www.deepdyve.com/lp/sage/coaching-with-artificial-intelligence-concepts-and-capabilities-RYOBavABHK
Zum Nachlesen und hören:
- Zum Podcast "The Future of Coaching" mit Episoden zum Thema Coaching & Agile Coaching, https://www.evoach.com/podcast

Agilität, Digitalisierung und New Work fordern neue Formen der Zusammenarbeit. Organisationen sind herausgefordert, agile Werte und integrale Kompetenzen zu entwickeln und integrieren. Eine balancierte Führungskultur setzt weit mehr voraus als gute Methodenkompetenz. Wie die Google Studien Oxygen und Aristotle zeigen, ist psychologische Sicherheit eine der wichtigsten Voraussetzungen für erfolgreiche Manager und Teams. Das braucht soziale Fähigkeiten, aber auch persönliche Reflektionsfähigkeit und Integration "weiblicher" Werte, wie gegenseitige Wertschätzung, mehr Respekt vor Leben, Menschlichkeit, Augenhöhe, Gleichberechtigung und faire Behandlung.

Wie kann Führung einen Beitrag zum Balancieren von Polaritäten und zur Integration von Diversität anbieten? Warum sind Gegensätze wichtig und wie können sie uns als Wegweiser dienen?

Die integrale Landkarte, eine Kombination von Spiral Dynamics, dem Vier-Quadranten Modell von Ken Wilber und individuellen Entwicklungslinien, dient als Navigationsinstrument in der Komplexität, da man damit sehr gezielt sinnvolle und zielführende Interventionen planen kann. Diese stellen wir im Rahmen dieses Vortrags vor.

Wir laden Dich herzlich ein, diesen Raum mit uns zu betreten und freuen uns auf Austausch und viele Impulse für die Gestaltung unserer Zukunft!

Gegensätze

Viele Schöpfungsgeschichten aller möglichen Religionen und Kulturen beginnen mit dem Erschaffen von Polaritäten. Tag und Nacht, Land und Wasser, Himmel und Erde, einatmen und ausatmen. Polarität scheint eine Haupttriebfeder für Entwicklung zu sein.

In der Bibel steht: "Am Anfang schuf Gott den Himmel und die Erde. Und die Erde war wüst und leer und es war finster auf der Tiefe. Und Gott sprach, es werde Licht. Und es ward Licht und Gott sah, dass das Licht gut war. Da schied Gott das Licht von der Finsternis und nannte das Licht Tag und die Finsternis Nacht. Da ward aus Abend und Morgen der erste Tag."

Dann wird der Verstoß aus dem Paradies beschrieben. Das Paradies war der Garten Eden wo Adam und Eva in Unschuld und Fülle lebten. Durch Essen des Apfels (Erkennen der Polarität) entstand der Fall in die "Sünde".

Eines der wohl bekanntesten Symbole für die Polarität sind Yin und Yang, die Zeichen aus der chinesischen Philosophie (Taoismus). Sie sind ein Bild für das schöpferische Wechselspiel der Polaritäten. Das ist eine nicht-endende Dynamik, ein ewiger Kreislauf sich ergänzender Prozesse und jeder Teil des Ganzen trägt den anderen Teil als Kern in sich.

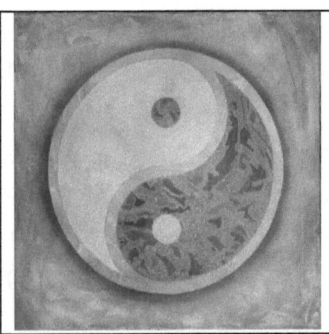

	Yin: bewahrend, beschützend, strukturierend, stabilisierend Yang: dynamisch, fortschreitend, Licht Das harmonische Zusammenspiel von Yin und Yang kreiert eine dritte Kraft, das gesunde Qi (zheng qi). Ein unharmonisches Zusammenspiel kreiert ein pathogenes Qi (xie qi).

Tabelle 6: Yin und Yang

Das Leben von uns als Menschen beginnt mit der Vereinigung der Ei- und Samenzelle. Die zwei Zellen sterben, sozusagen, um sich in einem neuen Organismus zu vereinen. Mit der Entstehung dieses neuen Lebewesens ist bereits klar, dass es irgendwann wieder vergeht (oder sich zu etwas Größerem vereint).

Unsere tägliche Realität besteht aus Gegensätzen und Polen. Wir pendeln zwischen Privatleben und Arbeitswelt mit sehr unterschiedlichen Anforderungen und Rahmenbedingungen. Wir kennen die Polaritäten von reich und arm, gesund und krank, gebildet und ungebildet, Mann und Frau, jung und alt und viele mehr. Wenn wir diese Polaritäten, die uns ständig umgeben erkennen, die Gegensätze und Unterschiedlichkeiten aushalten und damit spielen können (im Sinne von bewusst umgehen), sind wir in der Lage balanciert zu führen, und zwar uns selbst, wie auch andere.

Die Unterschiede zeigen sich auf verschiedenste Arten. Dies zu verstehen und richtig zu interpretieren ist eine hohe Kunst und setzt persönliche Reife voraus. Da ist ein Mitarbeitender mit großen Sorgen, normalerweise verlässlich, ehrlich und wissbegierig, und nun gerade durch die Sorgen eingeschränkt. Andererseits ein Mitarbeitender ohne stabile emotionale Persönlichkeitsstruktur, fachlich exzellent aber irgendwie verloren in den Regelwerken der Organisation. Ein dritter ist jung und frisch verliebt, auch er hat Mühe mit den Regelwerken der Organisation, aber aus ganz anderen Gründen.

Als Führungskraft fordert mich das heraus, auf völlig unterschiedliche Arten mit diesen drei Mitarbeitenden umzugehen. Dies setzt eine innere Klarheit und ein großes Spektrum an Optionen im Handeln voraus, um situativ angemessen darauf eingehen zu können. Wo entwickeln wir diese Optionen, wo kommen sie her?

Entwicklungspsychologie

Die Entwicklungspsychologie beschreibt, wie sich menschliches Erleben und Verhalten über eine Lebensspanne entwickelt. Damit beschreibt sie den Reifeprozess des Menschen. Es gibt dabei verschiedene Modelle, die diese Frage aus unterschiedlichen Perspektiven betrachten. Man könnte sagen, dass eine reife, gut entwickelte Persönlichkeit eine der wichtigsten Voraussetzungen ist, um eine gute Führungsperson zu sein. Darum werfen wir hier einen Blick in die Entwicklungspsychologie, um zu verstehen, wie denn eine reife Persönlichkeit beschrieben wird.

Balance in der Führungskultur setzt Gegensätze voraus. Gegensätze sind Bestandteil unserer Realität auf der Erde. Und sie sind ein fundamentaler Aspekt, um diese Realität zu verstehen. Ganz Sein, heißt zugleich "voller Widersprüche sein". Man verfälscht den Menschen, wenn man ein einheitliches Bild von ihm entwerfen will. Ein Bild des Menschen kann nur echt sein, wenn es mehrdeutig paradox ist (vgl. Dialektik, Hegel). Darauf werden wir zurückkommen, wenn wir die Gelbe Bewusstseinsstufe (von Laloux auch Teal genannt) des Spiral Dynamics Modells besprechen.

Ägypten 2400 vor Christus

Die ältesten Spuren zum Thema Polaritäten und Gegensätze stammen aus dem alten Ägypten von Ptahotep – die zwölf Zwillingseigenschaften. Bei der Einweihungsprüfung der Neophyten im Tempel war es wichtig alle Eigenschaften meistern zu können. Dafür wurden die Prüflinge angehalten sich unter Menschen zu begeben. Im Tempel waren Gleichgesinnte, sie sollten aber möglichst vielen Menschen begegnen und mit ihnen in Interaktion treten, um die Zwillingseigenschaften mit verschiedenen Perspektiven und im Kontakt mit der realen Welt zu erleben. Die zwölf Zwillingseigenschaften sind:

Schweigen – Reden	Vorsicht – Mut
Empfänglichkeit–Unbeeinflussbarkeit	Nichts besitzen - Über alles verfügen
Gehorchen – Herrschen	An nichts gebunden sein – Treue
Demut – Selbstvertrauen	Sich zeigen – Unbemerkt bleiben
Blitzesschnelle– Besonnenheit	Todesverachtung– Lebensschätzung
Alles annehmen - Unterscheiden können	Gleichgültigkeit – Liebe

Tabelle 7: Die zwölf Zwillingseigenschaften

C.G. Jung – Animus / Anima

Für C.G. Jung ist jedes lebendige Sein nur als Bewegung im Spannungsfeld zweier Pole und als energetischer Prozess verstehbar. Die Energie entsteht durch den Ausgleich der Spannung zwischen zwei Gegensätzen. Seine Überzeugung: "Nur am Gegensatz entzündet sich das Leben." Im Zentrum seiner Persönlichkeitspsychologie steht das Selbst und die Individuation des Menschen zu einer größeren menschlichen Reife und sozialen Verantwortlichkeit. Das Ziel der Individuation ist die Selbst-Werdung, das Erfahren einer körperlich-seelischen Einheit und Ganzheit. Selbst-Werdung heißt, seine eigene seelische Mitte zu finden. Die seelische Mitte zu finden setzt das Erkennen und Annehmen innerer Polaritäten voraus. Der Aspekt, die innere Welt zu verstehen und immer reifer zum Ausdruck zu bringen, ist dabei genauso wichtig, wie die zunehmende Fähigkeit, Beziehungen eigenverantwortlich und bewusst zu gestalten.

Das wohl bekannteste Beispiel vom Umgang mit Polen ist Animus (männliche Aspekte in der Frau) und Anima (weibliche Aspekte im Mann). Jeder von uns trägt somit, unabhängig vom Geschlecht, weibliche und männliche Anteile und Werte in sich. Sind uns unsere verschiedenen Anteile bewusst und integriert, können wir entspannt mit dem jeweils anderen Geschlecht umgehen. Wir sind unabhängig und müssen keine unbewussten und ungelebten Schattenanteile auf andere Menschen projizieren. Dieses Gleichgewicht der Pole in uns ermöglich uns einen autonomen und unvoreingenommenen Umgang mit dem anderen Geschlecht und mit Menschen generell. Wenn wir lernen, dies zu integrieren, werden wir Führungs- und Organisationskulturen entwickeln, die nicht mehr wie heute männerlastig, sondern ausgeglichen und balanciert sein werden.

Jean Piaget – Assimilation / Akkomodation

Gemäß Jean Piaget sind Menschen offene Systeme, die sich ständig verändern. Wie wir mit der Umwelt umgehen, entscheiden wir situativ. Mal passen wir uns den Umständen an und dann wieder passen wir die Umwelt unseren Bedürfnissen an. Dabei ist die Balance besonders wichtig. Um die Balance zu halten, bedarf es beider Fähigkeiten. Nach Piaget entsteht Identität durch das ständige Streben nach Gleichgewicht und die Auflösung des Ungleichgewichts. Seine Untersuchungen zeigen, dass sich manche Aspekte einer Person nicht linear und quantitativ entwickeln, sondern in qualitativen Sprüngen (Entwicklungsstufen). Die Regeln, nach denen diese Entwicklung verläuft, werden wir auch im später beschriebenen Bewusstseinsstufenmodell Spiral Dynamics wiederfinden. Zu diesen Regeln gehören:

- Bei jeder Transformation zur nächsten Stufe verändert sich die Weltsicht und wird umfassender und integrierter.
- Die Entwicklungsstufen folgen einer universellen Logik (unabhängig von Kulturkreisen). Keine Stufe kann übersprungen werden.
- Personen auf einer späteren Entwicklungsstufe verstehen die Logik früherer Entwicklungsstufen. Personen auf früheren Entwicklungsstufen interpretieren Handlungen späterer Stufen nach der ihnen möglichen Weltsicht und kognitiven Struktur.

- Man kann Menschen nicht direkt die Logik einer späteren Entwicklungsstufe lehren. Entwicklung geschieht in Auseinandersetzung zwischen der Person und ihrer Umwelt. Sie braucht Zeit und ist in der Regel von Entwicklungskonflikten und Irritationen begleitet.

Jane Loevinger, Susanne Cook-Greuter, Clare Graves, Robert Kegan

Viele Entwicklungspsychologen eint die Erkenntnis, dass wir uns als Menschheit über bestimmte Ebenen / Stufen entwickelt haben. Diese Stufen sind alle in jedem von uns angelegt, sie gehören zu unserem Erbgut. Wenn wir als Baby zur Welt kommen und erwachsen werden, durchlaufen wir alle diese Stufen nochmals in Zeitraffer. Nach oben ist die Entwicklungsspirale offen. Wie bereits von Piaget formuliert, können wir als Individuum beim Weiterentwickeln keine Stufen überspringen. Alle vorherigen Stufen bilden das Fundament für die nächste Stufe und sollten in möglichst gesunder Ausprägung vorhanden sein. Bei den meisten erwachsenen Menschen stabilisiert sich die Ich-Entwicklung mit ca. 20-25 Jahren. Auf den unterscheidbaren Stufen, verändert sich die Art und Weise, wie ein Mensch äußere und innere Erfahrungen erlebt, strukturiert und auf sie reagiert. Das heißt, es kann im Lauf des Lebens mehrmals zu einer Transformation des Ichs kommen: auf jeder Stufe weist es eine andere psychische Organisation auf. Eine jeweils spätere Stufe inkludiert die Logik der vorherigen Stufen! Jede spätere Stufe ist daher auch komplexer, differenzierter und integrierter als die früheren.

In der Entwicklungspsychologie geht es also um die Entwicklung der Persönlichkeit im Leben. Dabei ist das Ich, das Selbst die zentrale Instanz, deren Essenz es ist, Erfahrungen zu interpretieren, zu integrieren und ihnen Sinn beizumessen.

Zentrale Aspekte der Ich-Entwicklung (Individuation):
- **Selbstregulierung**, basierend auf Gleichgewichtsprozessen (Balance)
- **Fähigkeit, zwei gegensätzliche Pole auf einer befriedigenden Ebene auszusöhnen** (Gegensatzprinzip, C.G. Jung)
- **Autonomie (Transaktionsanalyse)** – Verhalten ist eine Reaktion auf die aktuelle Realität, nicht das Abspielen eines Musters/Skriptes

- **Unabhängige Bezogenheit (Wilms und Hartmann)** – ist die Fähigkeit, gegenseitige Abhängigkeit zu akzeptieren, ohne den eigenen Fokus zu verlieren.
- **Assimilation vs. Akkomodation (Jean Piaget)** – Wo pass ich mich den Umständen an, vs. wo pass ich die Umstände meinen Bedürfnissen an.

Was ist normal?

Ein Gegensatzpaar, das in unserer heutigen Zeit einer speziellen Betrachtung wert ist, ist das Gegensatzpaar "normal – nicht normal". Wenn wir von einer gesunden oder "normalen" Persönlichkeit sprechen, so müssen wir definieren, was wir als normal bezeichnen. Das ist gar nicht so einfach. In unserem Alltag bezeichnen wir häufig das als normal, was häufiger vorkommt. Wenn fast alle mit Messer und Gabel essen, nur ein paar wenige nicht, so wird das Essen mit Messer und Gabel als normal bezeichnet. So weit so gut. Die, die nicht normal sind, müssen dann lernen, sich normal zu verhalten. Schwieriger wird es, wenn zum Beispiel die meisten Kinder, das Einmaleins auf logische Art und mit Repetition lernen. Ein paar Kinder jedoch, haben diesen Zugang zu Zahlen nicht. Sie sehen innere farbige Bilder und können sich die Reihen so merken. Die logischen Erklärungen sind für sie nicht hilfreich. Sind die jetzt nicht normal? Sie sind wohl eher nicht die Regel, haben aber scheinbar geistige Fähigkeiten, Realität wahrzunehmen und zu verstehen, die uns "Normalen" nicht zur Verfügung stehen.

Wenn wir unser eigenes Potential und das unserer Mitarbeitenden ausschöpfen wollen, so müssen wir von simplizistischen Kategorisierungen und Bewertungen wegkommen. Die Frage heißt nicht "ist das normal?" sondern "bei welcher Funktion/Aufgabe ist diese Eigenschaft hilfreich oder weiterführend". Ist Asperger (eine Form von Autismus) eine Krankheit? Da kann man drüber streiten. Ist das wichtig? Nein. Ich habe eine Kollegin, die stellt als Webentwickler nur Mitarbeiter mit Aspergersyndrom ein. Ihr Verhalten im sozialen Bereich ist nicht wie wir "Normalen" uns das gewohnt sind. Aber sie haben ein paar Fähigkeiten drauf, wenn es ums Entwickeln geht, von denen wir "Normalen" nur träumen können. Leider kommen solche Menschen noch heute in vielen unserer typischen Schulsysteme unter die Räder oder werden mit Ritalin "ruhig" gestellt.

Ich erlebe in vielen größeren Unternehmen auch immer wieder dysfunktionale, emotional ungesunde Arbeitsverhältnisse. In einer solchen Umgebung zu arbeiten kann dazu führen, dass man Verhaltensweisen entwickelt, die eigentlich nicht "gesund" oder "normal" sind. Aber sie mögen durchaus eine angemessene Form des Umgangs mit den dysfunktionalen Strukturen sein. Diese Anpassungsfähigkeit, wenn sie bewusst geschieht und ohne die Gesundheit und Stabilität der Persönlichkeit zu gefährden, kann ein Ausdruck einer "gesunden" Adaptionsfähigkeit sein (Assimilation, Piaget).

Die integrale Sichtweise

In den nächsten Absätzen beschreiben wir die Grundelemente der integralen Landkarte, das Clare Graves' Modell, das in der Weiterentwicklung von Don Beck und Chris Cowan Spiral Dynamics genannt wird, die vier Quadranten von Ken Wilber und die Entwicklungslinien in den vier Quadranten.

Das Vier-Quadranten Modell von Ken Wilber

Mit dem Vier-Quadranten Modell von Ken Wilber haben wir eine hilfreiche Grundstruktur, um eine ganzheitliche Betrachtung aus vier Entwicklungsperspektiven auf eine Organisation, eine Gesellschaft, oder eine Situation zu ermöglichen.

Die linken Quadranten - Innen

Links sind die sogenannten "inneren" Quadranten. Der Quadrant links oben repräsentiert das Innere des Individuums. Hier geht es um unsere persönlichen Werte, Gefühle, Haltungen, Gedanken, darum wer wir sind und sein wollen, unsere Ängste, unser Vertrauen.

Der Quadrant links unten steht für das Innere des Kollektivs, in unserem Fall der Gesamtorganisation oder eines Bereiches oder Teams. Hier geht es darum, wer wir als Organisation sein wollen, wie wir uns definieren, was für Visionen und gemeinsame Werte wir haben und ob und wie wir sie leben. Darum, welche Einstellung zur Arbeit wir haben, wie es um unsere Bereitschaft für Veränderung steht, wie wir miteinander umgehen und was für eine Kommunikationskultur wir pflegen. Dies ist der Bereich, in dem wir arbeiten, wenn es um kulturelle Zusammenführung zweier Organisationen oder Abteilungen oder um Veränderung und Weiterentwicklung geht.

	Innen	Außen
Individuum	**Individuum Innen** **Selbst-Bewusstsein, Haltung** Individuelle Werte, Gefühle, Ängste, Motivation, Wahrnehmung, Gedanken, Bedürfnisse, Selbst-Konzept	**Individuum Außen** **Verhalten** Wissen, Verhalten, Fähigkeiten, Erscheinung, Körpersprache, Stimme, Auftreten, Kompetenzen
Kollektiv	**Kollektiv Innen** **Kultur - Weltsicht** Geteilte Werte, Ethik, Teamgeist, Sprache, Beziehungen, kultureller Hintergrund	**Kollektiv Außen** **Soziales System - Strukturen** Systeme, Prozesse, Gesetze, Technologien, Produkte, Soziale Beziehungen, Organisationsstruktur, Entlohnungssysteme, Marketing

Tabelle 8: Das Vier-Quadranten Modell von Ken Wilber

Die rechten Quadranten - Außen

Auf der rechten Seite sind die "äußeren" Quadranten. Rechts oben ist das Äußere des Individuums. Hier geht es um das Verhalten, die Fähigkeiten, die äußere Erscheinung, das Auftreten, um unser Selbstmanagement, sowie Führungs- und Konfliktverhalten, darum, wie uns die Außenwelt wahrnehmen kann.

Der Quadrant rechts unten repräsentiert das Äußere des Kollektivs. Hier geht es um die Organisationsform, das Geschäftsmodell, die Struktur der Organisation, den Umgang mit Finanzen und Ressourcen, die eingesetzten Technologien, Prozesse und Methoden. Ähnlich wie rechts oben, steht er dafür, wie wir als Organisation von außen wahrgenommen werden.

Spiral Dynamics

Spiral Dynamics wurde vom Psychologen Clare W. Graves entwickelt. Er war ein Zeitgenosse und Kollege von Abraham Maslow und wollte dessen Bedürfnispyramide empirisch untersuchen. Dies veranlasste ihn, hunderte von Interviews durchzuführen. Dabei entdeckte er die in Spiral Dynamics beschriebenen Bewusstseinsstufen. Diese haben sich im Laufe der Evolution der Menschheit gebildet und entwickelt. Wir alle tragen diese in uns, sie sind Teil unseres menschlichen Erbgutes. Sie zeigen sich auch in der Entwicklung des Menschen vom Neugeborenen bis zum Erwachsenen. Ein Baby durchlebt beim Aufwachsen die Stufen im Zeitraffer. Jede Bewusstseinsstufe basiert auf einem ihr eigenen Wertesystem. Für jeden Wert gibt es gesunde und ungesunde Ausprägungen. Für die Weiterentwicklung ist die gesunde Ausprägung der Vorstufen essenziell. Ein paar Beispiele sollen das verdeutlichen. Doch zunächst ein kurzer Abriss "Überblick über die Ebenen nach Spiral Dynamics".

Beige: Überleben

Ich-Perspektive – auf Beige geht es um das Überleben, um materielle Existenzbedürfnisse. Nahrung, Unterkunft, Selbsterhaltung. Diese Stufe ist rein instinktgetrieben. Ein gesundes Beige ist die Grundlage eines stabilen Urvertrauens.

Purpur: Zugehörigkeit

Wir-Perspektive – Es werden Stämme/Gruppen gebildet. Rituale geben Halt, die Zugehörigkeit zur Gemeinschaft ist der höchste Wert und der Clan ist alles was zählt. Nach der Phase des beigen Einzelkämpfers um das bloße Überleben fühlen wir uns bei unserem Clan sicher. Die Stammesältesten, Ahnen und Götter haben das Sagen. Heutzutage ist diese Wertesystem z.B. bei Fußball Fanclubs oder auch Apple Anhängern zu finden. In einer Organisation kann sich gesundes Purpur durch das Pflegen von gemeinsamen Ritualen zeigen, das zu einem starken Teamgefühl führen kann.

Rot: Macht

Ich-Perspektive – Lebensenergie, Lebensfreude, Mut und Macht (im neutralen Sinne) prägen diese wichtige Phase, wo das Ego erwacht. Der eigene Wille ist was zählt. Die

Entschlossenheit und Energie dieser Stufe können die sprichwörtlichen Berge versetzen. Ein beliebter roter Führungsstil ist "Zuckerbrot und Peitsche". Der Anführer hat das alleinige Sagen! Pole / Gegensätze existieren nicht, da nur der Anführer Recht hat. Eine gesunde Ausprägung von roten Werten zeigt sich in Freude am Erschaffen, Durchsetzungskraft und der Fähigkeit, gesunde Grenzen zu setzen. Eine ungesunde Ausprägung führt zu Dominanz, Rücksichtslosigkeit und Willkür.

Blau: Ordnung

Wir-Perspektive – Religionen und Gesetze schaffen Sicherheit, Stabilität und Planbarkeit. Eine äußere Autorität, der man gehorchen muss, bringt moralische Werte, wie "gut und böse". Die Regeln sind für alle verbindlich und wer sich nicht daranhält, wird bestraft oder ausgeschlossen. Die Organisations- und Führungsstruktur basiert auf Hierarchie. Die Führungsetage macht die Strategie und die Mitarbeiter führen sie aus. Mitarbeiter, die sich in blauen Strukturen wohl fühlen, sind nicht gewohnt, selbst zu denken, sondern die Regeln sorgsam zu befolgen, ohne sie zu hinterfragen. Eine gesunde Ausprägung blauer Werte zeigt sich in einer transparenten Ordnung, einer klaren Hierarchie, Verbindlichkeit und damit Sicherheit, Stabilität und Planbarkeit. Eine ungesunde Ausprägung kann zu rigidem Vorgehen, hemmender Bürokratie, blindem Gehorsam und übertriebener Überwachung und Kontrolle führen.

Orange: Erkenntnis

Ich-Perspektive – Orange erlaubt sich, Regeln, Gesetze und Autoritäten in Frage zu stellen. Erkenntnis durch Wissenschaft, mechanistisches Weltbild, materielle Erfolge durch Ökonomie, Effizienz- und Renditestreben in Wirtschaft und Politik. Es gibt viele Möglichkeiten, Lösungen zu erarbeiten. Prozesse können verbessert werden, individuelle Leistung soll belohnt werden. Ziel ist es, immer besser zu werden. Toleranz gegenüber anderen Meinungen und Erkenntnissen. Wettbewerb macht Spaß. Orange Führungskräfte führen mit Zielen und treiben ihre Mitarbeitenden häufig an, besser als die anderen zu sein. Hier wird unternehmerisches Handeln und Denken von Führungskräften und in Folge meist auch von den Mitarbeitenden verlangt. Eine gesunde Ausprägung oranger Werte zeigt sich in Gewinn- und Wettbewerbsorientierung, Individualismus, und steter Optimierung von Prozessen.

Eine ungesunde Ausprägung kann zu Ausbeutung von Menschen und der Natur führen, Geltungssucht, Rechthaberei und Verzetteln in zu vielen Möglichkeiten.

Grün: Gemeinschaft

Wir-Perspektive: Grün ist die Antwort der neuen Stufe auf die teilweise ausbeuterischen Tendenzen eines überzogenen Orange. Grün fängt an, eine Organisation als verantwortliches Mitglied einer Gesellschaft, der Natur und des Planeten zu sehen. Sinnhaftigkeit steht im Vordergrund. Alle Menschen sind gleichberechtigt und einzigartig. Entscheidungen werden gemeinsam getroffen, nachdem alle Facetten und Perspektiven diskutiert wurden. Gefühle werden als Kompass für Entscheidungen und Handlungen genutzt. Eine gesunde Umwelt und Gerechtigkeit für alle Menschen sind wichtiger als Reichtum und Effizienzsteigerung. Führungskräfte werden zu Coaches, Enablern, Mentoren mit starken persönlichen Beziehungen zu ihren Mitarbeitenden. Gegensätze werden als Pole wahrgenommen, die Entwicklungschancen öffnen. Die Balance zu finden, fällt noch schwer.

Eine gesunde Ausprägung grüner Werte zeigt sich als Menschlichkeit, Sinnhaftigkeit, Respekt vor dem Leben und der Erde, Potentialentfaltung. Gefühle und Fürsorge sind wichtiger als Rendite und Rationalität. Eine ungesunde Ausprägung kann zu Konfliktvermeidung, passiver Aggression und endlosen Entscheidungsfindungs-prozessen führen.

Gelb: Integral

Ich-Perspektive – Die ganzheitliche Sicht ist elementar. Gelb übernimmt die Verantwortung für das eigene Sein. Intuition hilft bei der Navigation durch komplexe Systeme. Es entsteht ein integrativer Flow. Kreativität und neue Wissensräume sind das neue Handwerkszeug. Methoden wie Theorie U (Otto Scharmer) treffen auf fruchtbaren Boden und werden häufig eingesetzt. Das Ego hat es nicht mehr nötig sich aufzuplustern. Es stellt sich und seine Lebenskraft in den Dienst der höheren Sache. Umgang mit Paradoxien, Ambivalenzen und Nicht-Wissen ist normal, Gegensätze werden als Bereicherung empfunden. Führung auf dieser Stufe heißt Visionen teilen, Sinn stiften und Räume für Entwicklung zur Verfügung stellen.

Eine gesunde Ausprägung von Gelb zeigt sich als Freude am Fortschritt, Entdeckergeist, frei sein von Vorurteilen, vernetztes und integratives Denken. Gelb ist angstfrei und nicht mehr manipulierbar. Eine ungesunde Ausprägung kann zu endlosen Vertiefungen von Fragestellung und zu Verkomplizierung von Sachverhalten führen.

Auf der nachfolgenden Landkarte (vgl. Abb. 25) sieht man Entwicklungslinien. Um die Verbindung mit dem Stufenmodell zu veranschaulichen, hier ein Beispiel. Wir wählen als Linie aus dem oberen rechten Quadranten die Line "Führungsstil" und betrachten, wie sich Führungsstil auf den verschiedenen Stufen gestaltet.

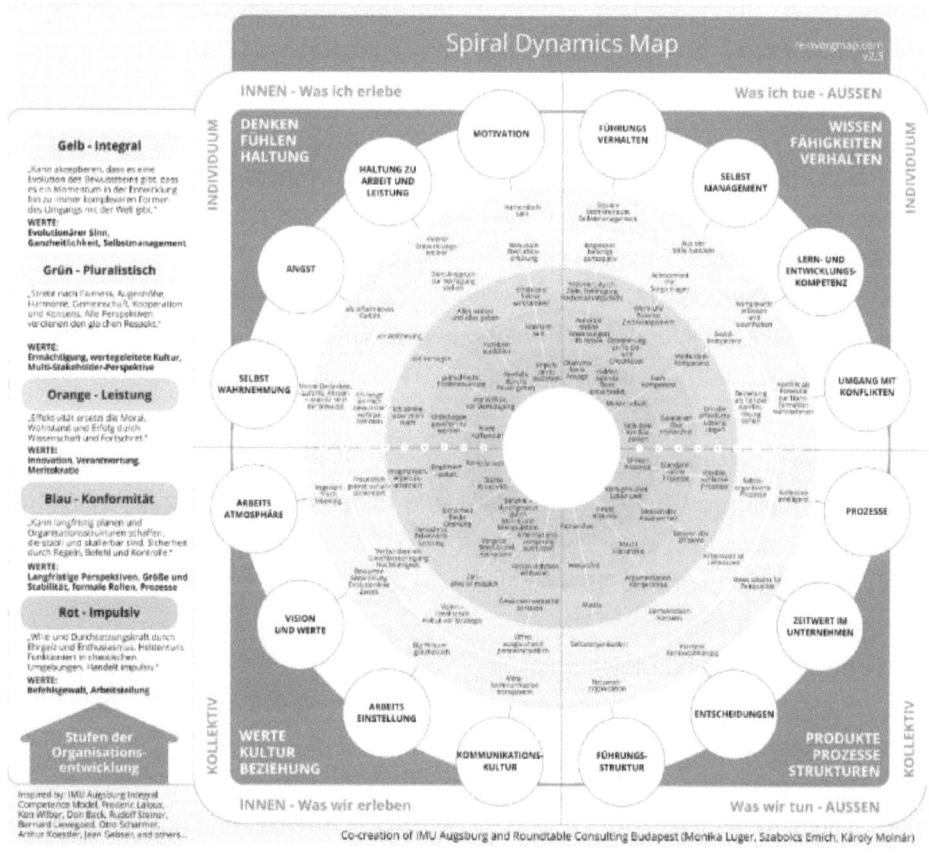

Abbildung 25: Integrale Landkarte

Rot führt mit Charisma und macht klare Ansagen. Blau führt mit einer hierarchischen Struktur und Autorität, es gibt klare verbindliche Regeln und Kontrolle. Orange führt durch Ziele und befähigt die Mitarbeiter, motiviert sie, erfolgreich und wettbewerbsorientiert zu sein. Grün führt mit Sinnhaftigkeit, Begeisterung und hat einen partizipativen Führungsstil. Auf Gelb ist nicht mehr viel Führung notwendig. Jeder versteht sich als Dienender dem System gegenüber und orientiert sich situativ und nach Impulsen. Es besteht viel Freiraum und Selbstmanagement ist die Norm.

Wenn ein Mitarbeiter zum Beispiel jahrelang in einem "blauen" System gut und gern gearbeitet hat und nun in ein Team verschoben wird, wo "grün" geführt wird, so ist das eine totale Überforderung. Sofern es ihm überhaupt entspricht, sich dahin zu entwickeln, braucht er Zeit, Ausbildung und Unterstützung, um sich die nötigen Voraussetzungen zu erarbeiten.

Die Vereinigung des Vier-Quadranten Modells von Ken Wilber mit Spiral Dynamics und sogenannten Entwicklungslinien pro Quadranten bildet ein hilfreiches Orientierungs-werkzeug für die Transformation einer Organisation.

Eine Ist-Analyse ermöglicht, den aktuellen Zustand zu ermitteln. Davon ausgehend zeigen die Entwicklungs-linien auf der Spirale sehr schön, was der nächste organische Schritt in Richtung Weiterentwicklung ist.

Für Führungskräfte sind insbesondere die oberen beiden Quadranten des Individuums relevant. Um balanciert führen zu können, sind folgende Voraussetzungen im Innen unerlässlich:

- Selbstverantwortung für Verhalten, Gedanken und Gefühle
- Sich selbst verstehen
- Beziehungs- und Dialogfähigkeit
- Fähigkeit und Bereitschaft zur Selbstreflektion und persönlicher Weiterentwicklung
- Autonomie
- Fähigkeit Ambivalenzen und Nicht-Wissen zuzulassen und auszuhalten

Diese innere Struktur findet man bei Menschen, mit einem deutlich spürbaren Anteil gelben Bewusstseins. Das setzt voraus, dass persönliche Verletzungen und Traumata in einem hohen Maß aufgearbeitet wurden. Es sind auch Fähigkeiten, die wir bei den verschiedenen Modellen der psychologischen Persönlichkeitsentwicklung wiederfinden. Dies führt zu folgenden Kompetenzen:

- Emotionale und soziale Kompetenz
- Reife, gut entwickelte Kommunikationsskills (kommt mit ausführlicher Selbstreflektion gratis mit)
- Ausgeprägte Fähigkeit im Umgang mit Konflikten und Widerständen
- Fähigkeit komplexe Systeme intuitiv zu erfassen und damit zu arbeiten

Man könnte zusammenfassend sagen, dass bis und mit der Stufe Orange Organisations-entwicklung im Außen (Quadrant rechts unten) stattfindet. Will man eine Organisation weiterentwickeln, sprich z.B. agile Methoden einführen (grün), oder sich gar Richtung "Teal", wie von Frederic Laloux beschrieben, bewegen, so findet Organisationsentwicklung in den Quadranten links und rechts oben, sowie links unten statt. Oder anders formuliert, ab grün ist Organisationsentwicklung gleich Persönlichkeits- und Kulturentwicklung.

Randbemerkung: Frederic Laloux benutzt in seinem Buch die Farbe Teal für Gelb. Das ist das integrale Schema, wie es von Ken Wilber benutzt wird. Bedeutungsmässig ist Teal identisch mit Gelb.

Wer sich vertieft mit der integralen Landkarte befassen möchte, findet weiterführende Informationen auf: https://reinvorgmap.com/

Balanciert Führen

Was bedeutet denn nun balanciert führen? Hier ist ein Zitat von Elisabeth Otscheret, das unsere Sichtweise gut zusammenfasst: „Seelische Gesundheit bedeutet die Fähigkeit, Widersprüche und Spannungen wahrzunehmen, mit ihnen umgehen zu können, sie aushalten zu können, sie als die Entwicklung fördernd zu betrachten." Die

Reife eines Menschen zeigt sich demnach besonders in seiner Ambivalenztoleranz. Der Mensch neigt im Allgemeinen jedoch dazu, Spannungen zu vermeiden und Widersprüchliches zu verdrängen. Es hängt von der individuellen Ich-Stärke des Individuums ab, wie es mit Ambivalenz umgehen kann.

Eine einseitige Haltung kann die Entwicklung und qualitatives Wachstum behindern, weil viel Energie für eine kraftraubende Abwehrarbeit aufgebracht werden muss.

Gegensätze können auf dem Weg zu einer balancierten Führungskultur als Wegweiser dienen. Ambivalenz, Hin- und Hergerissen-Sein ist nicht unser Problem, es ist unsere Chance, ohne die Wachstum nicht möglich wäre.

Es setzt die Bereitschaft voraus, hinzuschauen, auszuhalten und im Kontakt mit den Menschen und der Organisation Neues entstehen zu lassen. Das ist eine Fähigkeit, die der gelben Bewusstseinsstufe entspricht. Der Umgang mit Paradoxien, Polaritäten, Ambivalenzen kann als Kernkompetenz für überlebensfähige Systeme gesehen werden. Ein funktionaler Umgang mit Polaritäten besteht demnach darin, beide Pole im Spiel halten zu können.

Stehen Transformationen wie zum Beispiel die Einführung von Agilität an, ist eine Führungskraft, die sich im gelben Bereich bewegen kann, sehr zu empfehlen. Sie kann angstfrei, autonom und dadurch integrierend wirken. Ab gelb ist das Bewusstsein vorhanden, dass alle Stufen wichtig sind, dazugehören und dass eine gesunde Organisation alle Stufen gesund integriert hat.

Silvia Hagen berät seit über 20 Jahren Unternehmen im In- und Ausland in komplexen IT-Projekten und ist Autorin mehrerer technischer Fachbücher. Seit einigen Jahren engagiert sie sich in der agilen Gemeinschaft und ist Gründungsmitglied von flowdays. Sie hat eine Ausbildung in systemischer und integraler Organisationsentwicklung, hält diverse agile Zertifizierungen und liebt es ihr Wissen und ihre Erfahrung an Konferenzen und Schulungen zu vermitteln. Sie begleitet Menschen, Teams und Organisationen beim gemeinsamen Entwickeln von neuen und ganzheitlichen Zusammenarbeitsformen. Sie interessiert sich auch für Philosophie, Psychologie und neue Wissenschaften und liebt Menschen, die out-of-the- box denken.

Claudia Simsek-Graf hat Technische Informatik studiert und arbeitet seit mehr als 25 Jahren in IT-Projekten. Schwerpunkte sind hierbei Mensch-, Team- und Organisationsentwicklung. Durch ihre früheren Aufgaben als Team- und Abteilungsleiterin kennt Sie die Herausforderung im Umgang mit menschlichen Faktoren aus eigener Erfahrung. Neben der technischen Ausbildung ist sie Wirtschaftsmediatorin und vertritt in der viadee den Kompetenzbereich Erfolgsfaktor Mensch.

- Ken Wilber "Integrale Vision"
- Don Beck/Chris Cowan, "Spiral Dynamics – Mastering Values, Leadership and Change"
- Frederic Laloux, "Reinventing Organizations"
- Otto Scharmer, "The Essentials of Theory U"
- Christina Geiger, "Die Ganzheit der Gegensätze – eine Metatheorie der Veränderung"
- Simon Sagmeister, "Business Culture Design"
- Aegypten Zwillingseigenschaften: Elisabeth Haich: "Die Einweihung"
- Video – Schöpfung Genesis, https://www.youtube.com/watch?v=jCebM0xzREM